L'ORACLE DU TAMBOUR

Textes : © Carole Pirmez.
Illustrations : © Lynä.

ISBN : 978-2-38135-113-1

www.editions-tredaniel.com

info@guytredaniel.fr

www.facebook.com/editions.tredaniel

@tredaniel_eso

@vegaeditions

Carole Pirmez

L'ORACLE DU TAMBOUR

Illustré par Lynä

ÉDITIONS
VÉGA
19, rue Saint-Séverin
75005 Paris

SOMMAIRE

LES MESSAGES DES CARTES

INTRODUCTION

Aussi loin que je m'en souvienne, la nature a toujours joué un rôle clé dans mon épanouissement personnel. Âgée de dix jours à peine, mes cris résonnaient déjà dans les plus belles forêts ardennaises de la région luxembourgeoise belge. Mes parents, alors campeurs, m'ont transmis malgré eux la plus belle des valeurs : aimer la nature et la respecter. Tout au long de ma vie, j'ai entretenu ce lien qui nous unit à la magie. Avec mes camarades de maternelle, notre plus grande préoccupation était de réussir à escalader le généreux tas de sable qui embellissait le paysage du jardin d'enfants. Du sommet de cette attraction qui, à notre échelle, était aussi haute qu'une montagne, nous nous sentions grands. Rien ne pouvait nous résister.

Quelques années plus tard, je m'imaginais archéologue ou cuisinière. Les mains couvertes de boue, j'adorais déjà le contact de la terre avec ma peau. Comme beaucoup d'enfants de cet âge, j'ai appris à confectionner des colliers de pâquerettes, je m'amusais à créer des élixirs de fleurs, des petites « popotes » florales. Qu'importe le vocabulaire. Sans pouvoir la nommer ainsi, je me sentais déjà unie à Terre mère. Chacune de mes randonnées trouvait sa rivière. Chaque oiseau qui chantait trouvait écho dans mon sommeil. J'étais timide, j'étais maigre, mais je connaissais le secret de tous les coquillages que je croisais.

J'ai très vite pris conscience de l'importance de pouvoir garder en mémoire ce petit quelque chose dont les enfants sont si fiers. Cette étincelle de vie qui garde nos sens en éveil. Ce cordon invisible qui nous relie à la nature, au monde des esprits, aux autres êtres.

Dès lors que je lui parlais, la nature pansait mes plaies. À sa manière, elle colorait déjà mon âme de sa douce lumière. J'ai sauté dans les flaques, j'ai marché sous la pluie. J'ai grimpé aux arbres, j'ai guetté les étoiles dans la nuit. C'est ainsi qu'avec beaucoup de naturel, le tambour chamanique est entré un jour dans ma vie.

Devenue adulte, et sans transmission familiale apparente, j'étais prête à comprendre et ressentir ses bienfaits. Très vite, le chant de sa peau a recouvert mon corps de frissons. Une sorte de retour à la maison, une chanson qui ranime autant qu'elle apporte guérison.

Sa vibration, puissante et envoûtante, m'a enseigné une nouvelle forme de légitimité.

Naît-on un jour chamane ou sorcière ? Devons-nous être « autorisées » à explorer un monde alternatif à celui de la matérialité ? Dès notre première rencontre, dès la dernière lanière de cuir tissée, j'ai su qu'entre mes mains venait de naître un formidable partenaire.

Depuis longtemps, ma plume s'entraînait. Cette fois, elle aussi allait être honorée. Le tambour est devenu mon guide dans une période sombre que j'ai eu à traverser et une forme d'amitié s'est installée. Assez déroutante, je vous l'accorde, mais tellement présente. Mon tambour m'a inspiré la création de cet oracle. C'est lui également que vous retrouvez sur le fond de chacune des illustrations de cet oracle. Plein de vie, plein de douceur, d'amour, d'humilité. Je sais que je ne sais rien, nous disait Socrate. Je ne prétends ni en savoir plus ni en savoir moins. Je me fais simple traductrice entre ce que je comprends du monde des esprits et celui de la vie.

Puisse cet oracle vous aider à vous reconnecter à votre feu intérieur et vous guider avec légèreté vers un monde d'amour et de paix. De jour comme de nuit, honorons l'Univers, la nature et nos ancêtres pour tout ce qu'ils ont encore à nous enseigner.

LE TAMBOUR CHAMANIQUE

Se pourrait-il que la réalité dans laquelle vous vous êtes incarnées soit plus complexe que tout ce que vous aviez jusqu'à présent imaginé ? Apprendre à découvrir qui vous êtes vraiment et donner du sens à l'expérience de la matérialité que vous êtes venues expérimenter : voilà un voyage formidable dans lequel le tambour chamanique peut vous accompagner. Chacun de ses battements est semblable aux pulsations du cœur de la terre. Rythme de vie naturel, puissance d'amour immortelle. Partant du postulat que tout dans notre Univers est vibration, c'est au travers de ces cartes que les ondes de guérison du tambour chamanique se glissent aujourd'hui dans votre vie. À chaque occasion que vous aurez de battre les cartes, le tambour pourra chanter. La carte qui en sortira deviendra la note offerte pour votre semaine, votre journée. Une invitation, une guidance, une mise en lumière de ce qui bloque votre sentiment d'évolution. Chez les Amérindiens, le cercle est sacré. Selon eux, tout dans l'Univers tend à se rapprocher de la rondeur. Il vous suffit d'observer la nature pour comprendre cette pensée. Soleil, Lune, Terre se déplacent tous trois sur un axe circulaire. Le cercle des saisons, celui de la vie si nous croyons en la réincarnation. Celui de l'oiseau qui en rond tisse son nid, celui du vent qui tourbillonne malgré lui. Le ventre d'une mère n'est-il pas rond quand, en elle, elle accueille la vie ? À cette image, par amour de Terre mère et de toutes les créations de l'Univers, ils attribuent au cercle une puissance légendaire. Roue de médecine, feu, tipi, *sweat lodge*. Par sa forme, le tambour lui-même est le symbole de cette roue qui représente la dynamique de nos relations d'interdépendance. Entre êtres humains, entre êtres vivants. Avec la nature, l'énergie, les éléments.

L'Oracle du tambour vous reconnecte à votre essence et, si vous l'y autorisez, il devient pour vous le fil doré entre les expériences de vie que vous traversez et le monde invisible d'où vous venez. Pureté, croissance, reliance. L'Univers devient partie intégrante de votre conscience.

COMMENT UTILISER CET ORACLE ?

L'*Oracle du tambour* se veut être un partenaire, un ami, un guide. Tout naturellement, ses messages et ses vibrations de guérison s'adressent aux femmes qui, comme moi, sont dans un processus constant de compréhension, de transformation, de guérison. Si un homme s'est aventuré jusqu'ici, surtout, qu'il n'y voie là aucune limite ! Car la vibration est universelle et l'amour ne fait pas de distinction entre « mâle » et « femelle ». Vous le comprenez, cet oracle va bien au-delà de l'intention de vous accompagner sur votre chemin de croissance personnelle. Il vous invite à revenir aux racines de votre existence et de vos souffrances. La peau tendue du tambour à elle seule nous rappelle que tout est impermanence. Choisir celle de mon tambour a été une étrange expérience. Il m'a fallu dépasser certaines croyances, faire confiance au fait qu'utiliser son manteau serait pour cette chèvre une forme de renaissance. De la même manière dont je me suis abandonnée à ma créativité lors de sa confection, l'oracle à son tour est né d'une intuition, d'une forme d'évidence.

Il a été construit autour de quatre familles principales de dix cartes : Sagesse - Esprits de la nature - Médecine - Trésors. La cinquième famille contient quant à elle quatre cartes Cercle sacré. Ces dernières représentent l'énergie des quatre saisons du cycle de la nature. Pour chaque carte, vous trouverez dans ce livre : le nom de la carte, les mots totems, le message du tambour, les vibrations de guérison et la cérémonie d'intégration.

Avant d'utiliser avec votre oracle, prenez le temps de faire connaissance. Glissez-le une ou deux nuits sous votre oreiller, touchez-le, emportez-le dans votre sac à main. Imprégnez-vous de lui et laissez-lui la possibilité de s'imprégner de vous aussi. Il n'y a pas de règle en ce qui concerne les tirages de carte. Mon mot d'ordre est le suivant : faites-vous confiance et fiez-vous à votre intuition. La fréquence d'un tirage est très personnelle. Cela peut-être quotidien, hebdomadaire, mensuel. Ma recommandation dans un premier temps est un tirage deux à trois fois par semaine. Ne vous laissez pas piéger par les stratagèmes de l'ego ; certaines choses vous sembleront nouvelles, d'autres auront un goût de déjà vu, déjà lu, déjà entendu.

Suivez le fil. Lâchez prise et souvenez-vous que l'enseignement, quel qu'il soit, passe par la répétition.

Enfin, prenez le temps de réaliser les cérémonies d'intégration qui vous sont proposées dans le livre. Leur but, comme leur nom l'indique, est de vous permettre d'intégrer les vibrations de guérisons, le message du tambour et/ou l'énergie de la carte. Je vous parle plus en détail de la cérémonie d'intégration ci-après. Enfin, pour offrir guérison, *L'Oracle du tambour* vous soutient sur la voie de la libération émotionnelle. Avec lui à vos côtés, vous offrez un nouveau souffle à vos sentiments et vous libérez de l'espace pour que chaque émotion puisse trouver sa juste place. À l'image de la nature qui chaque saison se transforme, tout devient pour vous plus fluide. Les vibrations du tambour dissolvent les tensions, améliorent votre estime de vous et vous reconnectent à l'énergie universelle. Votre relation à la nature, aux éléments et au monde des esprits s'affine de jour en jour.

LES TIRAGES

TIRAGE À UNE CARTE

Le tirage à une carte est le tirage « traditionnel ». Il est à favoriser si vous vous posez une question spécifique, cherchez une mise en lumière, avez juste envie d'une guidance pour votre journée.

Installez-vous dans un endroit calme. Sur une surface plane, disposez un joli tissu. Respirez profondément et formulez silencieusement une intention ou une question ouverte (c'est-à-dire une question dont la réponse sera autre que oui ou non). Fermez les yeux et recentrez-vous. Soyez présente à vous-même et restez sans attente. Demandez à votre oracle de vous offrir sa guidance.

Ensuite, battez les cartes aussi longtemps que vous en ressentez la nécessité. Quand vous le souhaitez, arrêtez de battre les cartes et disposez-les en éventail devant vous. Laissez votre mental de côté. Passez la main gauche au-dessus des cartes et choisissez votre carte avec le cœur. Retournez la carte et laissez-vous inspirer par son nom et par son illustration. Éprouvez les sensations de votre corps et l'activité de vos pensées avant de vous référer au livre d'accompagnement pour y découvrir le message du tambour, ses mots totems, ses vibrations de guérison et sa cérémonie d'intégration. Prenez le temps de regarder votre carte plusieurs fois dans la journée.

TIRAGE À TROIS CARTES

Ce tirage se prépare de la même manière que le tirage à une carte. L'intention ici est d'obtenir une vision plus globale d'une situation que vous traversez et d'obtenir une guidance sur du long terme. Formulez mentalement ou à voix haute votre question ou posez une intention de résolution. Avec la main gauche, tirez vos trois cartes. Disposez-les de gauche à droite sur votre tissu sans regarder ni les illustrations ni les noms de vos cartes. Posez la main gauche sur la carte de gauche et découvrez-la. Ressentez ce que vous inspire la carte, prenez des notes et découvrez ensuite son message dans le livre. Faites la même chose pour les cartes deux et trois. Tissez un fil entre les trois messages perçus et notez vos conclusions dans votre carnet pirogue (explications du carnet ci-dessous). Soyez attentive à la magie du quotidien et restez détachée du résultat final.

CÉRÉMONIES D'INTÉGRATION

Pour chaque carte, une cérémonie d'intégration vous est proposée. Leur intention est de cultiver votre sentiment de gratitude à l'égard de chaque vibration que partage avec vous le tambour. Afin d'entretenir le caractère sacré du cercle, il vous est proposé d'ouvrir et de refermer des « cercles de bénédictions ». Cette action est une intention que vous posez dans votre cœur par les simples formulations suivantes.

Pour ouvrir votre cercle : « Dans un sentiment de gratitude et par amour du lien que je tisse avec Terre mère et l'Univers tout entier, mon cœur est ouvert et j'accueille en moi la sagesse des anciens. Je suis paix, je suis amour, je suis lumière. »

Pour refermer votre cercle : « Puisse mon corps, mon âme et mon esprit rester unis à la magie. À chaque pas, les vibrations du tambour m'accompagnent. ».

LE CARNET « PIROGUE »

Pour aller plus loin, je vous propose de tenir un carnet. Une sorte de journal de bord, la pirogue qui accompagnera vos réflexions, vos joies, vos souffrances, vos certitudes, vos doutes, vos conclusions, vos décisions, vos mises en pratique, vos passages à l'action... À chaque prise de notes, pensez à indiquer la date et le nom de la carte tirée. Si vous le pouvez, dessinez également un pictogramme pour vous souvenir du statut du cycle lunaire à cette date (pleine lune, croissant de lune, nouvelle lune). Si les phases de la Lune n'ont aucun secret pour vous, n'hésitez pas à apporter de la précision (premier croissant, premier quartier, gibbeuse croissante/décroissante, etc.). Quel temps fait-il aujourd'hui ? Soleil, neige, pluie ? Parlez-y de l'éveil de vos sens, de la libération de vos émotions, de vos ruptures, de vos rencontres. Abordez la magie du quotidien, la perception de votre connexion à l'Univers, les relations que vous développez avec la nature et votre entourage. Détaillez vos expériences, mais surtout amusez-vous et prenez vos notes sans contraintes. Vous pouvez également envisager une forme de correspondance. C'est-à-dire des lettres que vous pouvez vous écrire à vous-même. Vous serez ravie d'y revenir dans quelques années et/ou de les transmettre à votre descendance.

Le carnet pirogue vous aide à prendre soin de votre écologie intérieure et devient le témoin de l'éveil de la gardienne de la terre qui a toujours sommeillé en vous.

LES MESSAGES des cartes

Les cartes SAGESSE

1
LE GRAND ESPRIT

1

LE GRAND ESPRIT

LES MOTS TOTEMS

Puissance – créativité – infini – cosmos – nature – ondes – amour inconditionnel

LE MESSAGE DU TAMBOUR

Dans sa cape d'invisibilité, le grand Esprit t'enveloppe et te conduit vers la vérité. De chacun de tes pas à la vibration d'un éclat de voix, il est là. Garde la foi.

LES VIBRATIONS DE GUÉRISON

Dans chaque rivière, dans chaque désert. Dans chaque élément, dans chaque sentiment. Du renard à l'écureuil, du dauphin à l'éléphant. Des montagnes du Tibet au massif du Mont-Blanc. Le Grand Esprit est là, partout en même temps. Force créatrice. Puissance révélatrice. Jamais de tout temps le mystère n'a été plus grand. Formidable architecte, parent bienveillant. Représenté dans notre monde par des symboles différents, il est un et tout en même temps. Lorsque le Grand Esprit se manifeste dans ton voyage, c'est pour t'inviter à écouter le bruit du vent. Il t'encourage à plonger la tête, pour un instant seulement, dans la chaleur d'un bain bouillonnant. Écoute la mélodie des gouttes qui glissent sur ta peau pendant une douche glacée. Marche pieds nus dans la rosée au soleil levant. Goûte le sel de l'océan. Vis, ici et maintenant.

Tout est vivant, tout est mouvement. Le sable du Sahara qui glisse entre nos doigts a été conçu pour cela. Nous ne sommes rien et tout à la fois.

Grand Esprit, être suprême, Dieu. Choisis ton vocabulaire et transmets avec tes mots la magie de l'Univers. Il n'y a pas de vérité unique, pas d'équation restée sans solution. Rien n'est écrit, le champ des possibles est infini. Garde confiance en cette reliance. Reste positive et confiante. Souris, ouvre ton cœur et laisse la vie te surprendre.

CÉRÉMONIE D'INTÉGRATION

Collecte une représentation des cinq éléments. Une coupe remplie d'eau de source, la flamme d'une bougie, une pierre, une plume et un bâton d'encens. Place-les dans un endroit de ton lieu de vie que tu fréquentes régulièrement. Ouvre un cercle de bénédiction. Par la puissance de ton cœur, connecte-toi à l'énergie de chaque élément. Ressens l'eau, le feu, la terre, l'air et l'éther. Reste sans attente. Pose la simple intention d'élever ta vibration. Quand tu le désires, referme le cercle.

Réitère ta reliance plusieurs jours durant. Observe tes ressentis et prends des notes au besoin.

2
GRAND-PÈRE SOLEIL

2

GRAND-PÈRE SOLEIL

LES MOTS TOTEMS

Observation – enseignement – rythme – lumière – cycle – intemporalité

LE MESSAGE DU TAMBOUR

Par un éclat de lumière, la sagesse de Grand-Père Soleil se manifeste en toi et autour de toi. Reçois sa visite comme un signe d'affection. Souviens-toi, tu es éternelle. Sois attentive, aucune voie n'est définitive.

LES VIBRATIONS DE GUÉRISON

À près de 150 millions de kilomètres de la Terre, là-haut dans l'espace, Grand-Père Soleil veille.

Source de toute vie sur notre Terre mère, son large rayonnement influence notre climat. Avec majesté, chaque jour il parcourt le ciel vers l'ouest, symbole de sagesse, de calme, de méditation. Son éveil à l'est éclaire nos pas, renouvelle l'énergie créatrice, anime, inspire. Grand-Père garde la forme, il donne le tempo. De l'hiver à l'automne, sa chaleur rythme l'éclosion des saisons. Tantôt au repos, tantôt actif ou au zénith.

Au fil de ta vie, comme la sienne, ton activité croît et décroît. Quel est le cycle dans lequel tu te débats ? Se pourrait-il qu'il soit lié à la déclinaison de tes émotions ? À la flamme du printemps que tu souffles inlassablement ? Reviens à l'intérieur. Connecte-toi à ta lueur. Quelles que soient les collines sur lesquelles est venue se greffer ton écorce, remercie tes ancêtres, remercie ton être. Tu es le fruit de la création. Un fragment de lumière venu vivre l'expérience de la matérialisation. Si ta réalité n'est plus à la hauteur de ta vérité, change-la. L'astre Soleil te guide en cela. Depuis l'horizon, il te montre un chemin nouveau de transformation. Le temps est une notion. La vie, une simple irruption.

CÉRÉMONIE D'INTÉGRATION

Ouvre un cercle de bénédiction. Autour de ton nez, place les mains en contact avec ton visage. Par la puissance de ta pensée, imagine un ciel étoilé. Dans un silence, ressens ton tempo. Oublie le temps qui passe et observe naître l'espace. Quand tu le souhaites, referme le cercle.

3
GRAND-MÈRE LUNE

3

GRAND-MÈRE LUNE

LES MOTS TOTEMS

Influence – intuition – intériorité – humeurs – sagesse – féminité – énergies – révélations

LE MESSAGE DU TAMBOUR

Chaque seconde, Grand-Mère Lune influence tes choix. Sous le voile de sa robe ronde, elle préserve les secrets de ton âme de déesse. En ton temple, laisse pénétrer les rayons de sa transmission.

LES VIBRATIONS DE GUÉRISON

Dans le paysage céleste, Grand-Mère Lune veille. Épouse fidèle du soleil, elle ne brille pourtant pas d'elle-même. Tantôt éclairée, tantôt cachée, elle tourne autour de notre planète dans un cycle universel. Quel que soit l'angle sous lequel elle t'apparaît, jamais elle ne cesse de t'accompagner. As-tu déjà observé comme tes humeurs peuvent changer ? Dame Lune est ici pour te rappeler à la conscience de tes marées. Car, malgré la meilleure volonté, tes actions et tes décisions sont influencées. Sans relâche, Grand-Mère Lune te berce.

Même dans l'obscurité des nuits agitées, son invitation est à la compréhension, à la tolérance, à la patience. Garde le cap. Navigue sans relâche. Fais confiance dans ton intuition, ressens sa transmission.

Accueille l'idée que, chaque année, treize facettes de sa personnalité passent dans ton ciel pour t'éclairer. Une multitude d'archétypes dont le principal objectif est de t'aider à t'enraciner tout autant que de t'éveiller à la sagesse de ta spiritualité. Enfant de la Lune, accorde-toi sommeil et repos. Calme tes pensées. Ta voie est juste et tracée dès lors que tu embrasses avec le cœur la puissance de ta féminité.

CÉRÉMONIE D'INTÉGRATION

À la prochaine pleine lune, ouvre un cercle de bénédiction. Sous les rayons de ce parent bienveillant, adopte la posture intérieure d'une fleur. Ressens tes pétales se déployer. Invite la vie dans chacune de tes contrées. Sens-toi unie à la nuit. Laisse l'élégance des énergies t'offrir amour et synergie. Une fois le message intégré, referme le cercle.

4
MÈRE TERRE

4

MÈRE TERRE

LES MOTS TOTEMS

Patience – ancrage – nature – origines – ressource – stabilité – mouvement – création

LE MESSAGE DU TAMBOUR

Comme la neige qui craque sous tes pas en hiver, Mère Terre te murmure son chant. Elle harmonise ton équilibre, elle fertilise tes projets. Dans la ronde de son mouvement constant, remercie-la du cocon accueillant qu'elle a bâti pour toi.

LES VIBRATIONS DE GUÉRISON

Hébergée par l'Univers pour un nombre indéfini de siècles, Mère Terre est notre repère. Née il y a environ

4,5 milliards d'années, elle a pris du temps pour se préparer. Plusieurs millions d'hivers lui furent nécessaires pour créer son atmosphère et recouvrir son doux manteau d'océans. La Terre, notre mère. Pourquoi ces mots résonnent-ils autant ? Alors que la chimie nous explique la composition de chacun de ses éléments, aucune voix humaine ne confirme leur fondement.

Les choses peuvent parfois prendre du temps. Renoue avec tes origines. Découvre d'où tu viens vraiment. Explore tes racines. Imagine tout ce qu'il te plaît. Tu es libre de penser, libre de créer. Rien ni personne ne pourra jamais t'en empêcher.

Accorde ta vibration au chant de guérison de notre mère. Si ton monde intérieur se met à trembler, respire et continue de bouger. Ne te laisse pas impressionner par tout ce qui pourrait venir te troubler. Actes malveillants, ego démesuré. Entends le bruit de la tempête, mais prends soin de t'en préserver. Chaque expérience est unique. Quand Mère Terre te rend visite, elle synchronise les battements de ton cœur au rythme de son champ magnétique. Souviens-toi, tu es ici en transit.

CÉRÉMONIE D'INTÉGRATION

Dans l'intimité d'une de tes journées, pose tes pieds nus sur la terre et ouvre un cercle de bénédiction. Depuis la plante de tes pieds, imagine un fluide doré traverser ton corps pour te réchauffer. Inspire la patience depuis tes racines. Expire la confiance dans chacune de tes cellules. Ressens comme tu es divine. Referme le cercle.

5
PÈRE CIEL

5

PÈRE CIEL

LES MOTS TOTEMS

Humilité – esprit – liberté – interdépendance – union – guérison – équilibre – réconciliation

LE MESSAGE DU TAMBOUR

Dans le cycle de l'éternité, avec Mère Terre, Père Ciel est ton point de repère. Il évoque en toi la force de viser toujours plus haut, il insuffle la guérison dans les espaces oubliés de ta maison. Diffuse sa lumière et accède à la liberté.

LES VIBRATIONS DE GUÉRISON

Grand gardien de la Voie lactée, du Soleil, de la Lune et des étoiles, Père Ciel abrite le peuple des nuages.

Lorsque dame colère est chez lui de passage, les êtres du tonnerre ainsi que la tornade y voyagent. Quelle que soit leur histoire, tous les peuples de la terre viennent du ciel. Lorsque pour eux vient l'heure de s'éteindre, ils remontent rejoindre les étoiles qui peuplent déjà sa voûte. Grand principe masculin, Père Ciel déverse sur Mère Terre sa semence. Par ses gouttes de pluie, il arrose les graines prêtes à germer. Il nourrit le fruit qui mûrit, il remplit la rivière nourricière. Chaque jour, il nous honore de sa présence. Mais pourquoi dans ce cas avoir créé dans la pensée collective une séparation imaginaire entre père et mère ? Terre et ciel sont liés pour l'éternité. Corps et esprit. Physique et psychique. Père Ciel est ici pour te rappeler que tu fais partie de la création. Tu es un des composants d'un assemblage d'éléments. Tout, absolument tout, est interdépendant. Ressens battre ton cœur et attache-toi à traiter tes parents, Mère Terre et Père Ciel, avec respect. Écoute la sève des arbres monter au printemps. Entends en été bourdonner les insectes affamés. Certaines choses ne peuvent pas s'acheter. Peut-être la guérison peut-elle par ici opérer ? Perçois ce monde dans son intégralité et fais confiance à la part de toi qui sait.

CÉRÉMONIE D'INTÉGRATION

Quelle que soit la température extérieure, trouve un espace où tu pourras t'allonger dos contre terre. Ferme les yeux et ouvre un cercle de bénédiction. À chacune de tes inspirations, observe comme le souffle qui te remplit est commun à tous les êtres de la terre. À chaque expiration, ressens s'élargir le champ de vibration dans lequel baigne ton corps. Pratique ceci sans limites et lorsque tu le souhaites, referme le cercle.

6
LA TORTUE

6

LA TORTUE

LES MOTS TOTEMS

Mère éternelle – protection – patience – persévérance – paix – longévité – stabilité – réalisation

LE MESSAGE DU TAMBOUR

Sous sa carapace, la tortue te préserve de l'agitation du monde matériel. Laisse naître l'intention d'un univers nouveau. Avec elle à tes côtés, tu trouves la stabilité.

LES VIBRATIONS DE GUÉRISON

Aussi loin que l'homme s'en souvienne, la tortue est un symbole puissant de longévité. Elle enseigne la patience, le calme, la persévérance. Trois alliés de taille pour bâtir des fondations de vie solides, savourer des moments paisibles. Avec elle à tes côtés, pose l'intention de la stabilité.

Peut-être est-il temps de ralentir ? Peut-être serait-il utile de prendre du recul vis-à-vis d'une situation qui te contrarie ? Fidèle à tes racines, dans l'amour des plaines foulées par tes ancêtres, tu renoues avec la sagesse ancienne de la Terre mère. Souviens-toi : le monde qui t'entoure peut devenir hostile quand tu le laisses décider à ta place de ce qui est juste et de ce qui ne l'est pas. Reste maître de toi-même. Agis avec audace. Tu es ta seule limite. Sur ce chemin de paix, prends ton temps.

De ton cœur, un projet nouveau est sur le point de naître. Accepte sa phase de gestation. Apprécie le chemin, même lorsque ce dernier est jonché de ronces. Reste confiante et, à ton rythme, continue d'avancer ! Pour intégrer la dimension de la stabilité, avance chaque jour d'un pas lent, mais bienveillant, vers ta réalisation.

CÉRÉMONIE D'INTÉGRATION

Équipe-toi d'une feuille blanche et d'une soucoupe de peinture verte. Par l'intention, ouvre un cercle de bénédiction. Ferme les yeux un instant pour te connecter à l'énergie de la tortue. Dépose une main sur ton cœur et trempe les doigts de ton autre main dans la couleur. Du pouce à l'auriculaire, sur ta feuille blanche, laisse apparaître la silhouette d'une tortue. Apprécie ce moment de reliance tactile. Prends ton temps. Respire lentement et dans un silence intérieur, remercie l'esprit du grand mystère. Referme le cercle.

7
L'ESPRIT DU CHAMANE

7

L'ESPRIT DU CHAMANE

LES MOTS TOTEMS

Vision – vibration – tambour – sorcellerie – rêves – messages – nuit – communauté – rituel

LE MESSAGE DU TAMBOUR

Jamais dans sa transe le chamane n'hésite à te rendre visite. Avec toi, son esprit communique. Dans ton monde onirique, il te facilite l'accès à la vision juste. Reconnais la magie dont tu as été dotée. Tu es la gardienne d'un pouvoir sacré.

LES VIBRATIONS DE GUÉRISON

En l'esprit du chamane, une communauté reconnaît la magie. Puissant guérisseur, guide, sorcier. Sur le chemin d'ondes tracées par les pulsations du tambour, il communique avec le monde des esprits, celui des morts, celui de la nature. Pour les âmes égarées ou tourmentées par la maladie, il œuvre. Lors de cérémonies propres à son ethnie, il s'unit à l'invisible pour agir. Malgré lui, sans même l'avoir choisi, il incarne sans relâche le trait d'union entre le monde connu des vivants et celui de ceux déjà passés de l'autre côté. Un miroir. Une simple membrane dont la vibration nous traverse tout autant qu'elle nous bouleverse. Le souvenir d'un pot commun, d'un univers pas si lointain.

Lorsque dans ton cœur tu l'invites, l'esprit du chamane jamais ne te quitte. Il devient pour toi l'étincelle, la flamme, le feu. Un lit de braises sans limites dont émane la beauté qui t'habite. Abandonne-toi à l'esprit du chamane. Autorise-le à bercer ton âme. Ainsi, il devient ton guide, la lanterne qui te facilite la reliance à ta propre guidance. Le génie, le phare qui dans la nuit éclaire ta marche. Au grand jour et dans ton monde onirique, reçois et intègre les messages de sagesse. Entends, vois, ressens.

CÉRÉMONIE D'INTÉGRATION

Dépose sur ta table de chevet le cahier témoin de tes voyages nocturnes. Ouvre un cercle de bénédiction. Pose l'intention de la vision. Ressens la chaleur du chamane dans ton cœur. Laisse ouvert le cercle pour la nuit et rejoins en douceur les contrées de ton monde onirique. Lâche prise et accueille. À ton réveil, prends note des guidances, des visions. Referme le cercle.

8
LA TRIBU

8

LA TRIBU

LES MOTS TOTEMS

Famille – communauté – clan – solidarité – liens – amitié – amour – collaboration – avenir

LE MESSAGE DU TAMBOUR

Au carrefour de plusieurs chemins, la tribu croise le tien. Enveloppante, aimante, accueillante. Attrape la main qu'elle te tend et repose-toi dans ses bras un instant.

LES VIBRATIONS DE GUÉRISON

La puissance de la tribu soutient et supporte tous ses enfants. Du plus petit au plus grand, elle n'en laisse aucun sur le banc. Dans la vie de tous les jours, elle est un cadre, un socle, une famille. Bien plus qu'un refuge, la tribu en son sein possède sa propre structure, son organisation, ses convictions. Quelles que soient tes croyances et ta recherche du moment, il n'y a pas besoin d'être honoré du titre de chef pour en ressentir la sagesse. N'es-tu pas en joie à l'idée de venir te lier d'amitié à l'énergie des âmes que tu es amenée à rencontrer ? Forme d'intermédiaire, d'entremetteuse bienveillante, la tribu t'éveille. Elle t'enlace et dirige ton regard vers ce qui déjà est là, mais que tu ne vois pas. Pas encore en tout cas, car dans peu de temps, si cela est ce que tu souhaites vraiment, il t'est possible de devenir actrice de l'ère nouvelle à venir. Familles d'âmes, amitiés oubliées. Amours tendres, collectivités innovantes. La tribu te rattache à l'autre, à la solidarité, à la communauté. Alors, pourquoi te limiter ? Laisse-toi envelopper par l'égrégore positif qui se crée dès lors que nous sommes plusieurs à unir nos pensées, à concentrer nos énergies vers une même destinée. La vie est créativité, audace, nouveauté. Accepte les aspects heureux qui te sont énoncés et dans un élan de vie, lorsque ton âme à l'autre dit oui, remercie et construis.

CÉRÉMONIE D'INTÉGRATION

En nature ou dans la chaleur de ton canapé, ouvre un cercle de bénédiction. Ferme les yeux. Pose les mains sur la poitrine et, de l'intérieur, écoute les percussions de ton cœur. Avec le pinceau de l'intention, tes doigts se colorent de la nuance de ton âme. Lâche prise, laisse l'artiste agir. Appelle à toi ta famille d'âmes. Ce rituel de reconnaissance a besoin de patience. Reste ici, l'âme agit. Quand tu seras prête, referme le cercle.

9
FRÈRE LOUP

9

FRÈRE LOUP

LES MOTS TOTEMS

Fidélité – sensibilité – peur – confiance – intelligence – stratégie – endurance – meute – appartenance

LE MESSAGE DU TAMBOUR

Depuis les profondeurs de la forêt, frère loup met en lumière la part obscure de ton être. Il t'aide à exprimer tes désirs réfrénés, à entretenir la pensée positive. Accepte de changer ce qui hier était. Affirme l'amour que tu as pour toi et l'autre t'aimera.

LES VIBRATIONS DE GUÉRISON

Fin stratège, frère loup te protège. Par sa démarche consciente, il invite ta nature sauvage à rejoindre son territoire. Indépendant et libre, il est un grand solitaire. Sociable et fidèle, il démontre tout de même l'art de la collaboration, la puissance de l'appartenance. Même meute, même terre, même nation.

À l'intérieur d'un même clan, alpha, bêta et oméga se côtoient. Chefs, seconds et suiveurs avancent ensemble et apprennent à se faire confiance. Pour le maintien de l'équilibre, chacun occupe sa place. S'il souhaite modifier sa destinée, le loup révèle ses aptitudes à changer, et parfois, une nouvelle hiérarchie naît.

Dans les histoires pour enfants, il est effrayant. Il dévore, hurle, fait peur.

Créature secrète et mystérieuse, frère loup est ici pour t'emmener à la découverte des parts de toi que tu n'aimes pas. Emboîte son pas et le loup te conduira vers l'essence de la mission qui t'a été confiée ici-bas. Comment servir l'humanité ? Frère loup donne du sens. Il libère ton mental des pensées négatives qui l'obsèdent. Il t'encourage à désobéir à l'ego qui s'épuise, aux douleurs du passé qui s'éternisent. Dépose les gros pavés que tu transportes sur ton collier. Offre-toi cette chance de t'aimer. Prends soin de toi et tu verras comme ensuite il est plus simple de prendre soin des autres.

CÉRÉMONIE D'INTÉGRATION

À la lueur des étoiles ou dans l'intimité d'un lieu où tu te sens en sécurité, ferme les yeux et ouvre un cercle de bénédiction. Pendant quelques secondes, familiarise-toi avec l'énergie du loup. Depuis tes profondeurs, laisse vibrer le son qui souhaite émerger. Décide de l'intensité. Libère ta voix sans effroi. Avec la présence du loup, ose être toi. Referme le cercle et remercie.

10
L'OURS

10

L'OURS

LES MOTS TOTEMS

Adversité – force – courage – puissance – nature – santé – repos – discernement – méditation

LE MESSAGE DU TAMBOUR

Éveillé par les fins rayons du soleil, l'ours s'abreuve à la rivière nourricière. De ces instants de calme il se délecte. Tel un ami, il t'initie à adopter la posture juste. Sois vraie vis-à-vis de toi et la force de traverser les épreuves suivra.

LES VIBRATIONS DE GUÉRISON

À peine sorti de sa tanière, l'ours répond à l'appel. Avec sagesse, déjà il t'enseigne. Calme, force, courage.

L'ours est un modèle de maîtrise de soi. Chaque hiver, à l'écoute des saisons, il prend un long moment de repos. Chef d'orchestre de son activité terrestre, il contrôle sa biologie, diminue sa température interne, ralentit son souffle de vie. Période de retraite, économie d'énergie. Frère ours, lorsqu'il s'éveille, reprend sa marche et utilise la médecine des plantes. Grand connaisseur, il est son propre guérisseur. Sous sa fourrure épaisse, l'ours abrite une brute au grand cœur. Car, malgré sa capacité à combattre, s'il n'est pas dérangé, il reste sans animosité. Ce mammifère, ce grand frère, depuis longtemps, foule la terre. Il se nourrit de sa vigueur. À l'affût de petits fruits, il pêche aussi le saumon, chasse certains oiseaux. Sans même un bruit, l'ours t'aide à croire en ta puissance. Dans les situations difficiles, il t'apprend à te battre pour ce que tu aimes. L'adversité est souvent notre meilleur allié. Repose-toi, prends du temps pour toi. Et, quand le moment viendra, dirige ton énergie au bon endroit. Tes qualités servent l'humanité.

CÉRÉMONIE D'INTÉGRATION

Blottie dans ta couverture préférée, ferme les yeux et ouvre un cercle de bénédiction. Pendant 4 secondes, inspire la force et la puissance de l'ours. À poumons pleins, tiens 4 secondes et nourris-toi de l'énergie de la patience, de la persévérance. Pour 4 secondes enfin, libère ton esprit de tout conflit. Reste les poumons vides 4 secondes, recharge ici tes batteries. Recommence ce cycle pendant 4 minutes. Remercie ensuite la sagesse de l'ours et referme le cercle.

Les cartes ESPRIT DE LA NATURE

11
LE PEUPLE DES PIERRES

11

LE PEUPLE DES PIERRES

LES MOTS TOTEMS

Mémoire – apparences – esprits – synchronicités – voyage – message – moment présent – magnétisme – minéraux

LE MESSAGE DU TAMBOUR

Sous le masque des apparences, les choses parfois peuvent nous sembler insignifiantes. Le message du peuple des pierres est clair ! C'est avec le cœur et non avec les yeux qu'il t'invite à regarder où tu mets les pieds.

LES VIBRATIONS DE GUÉRISON

Élément de l'écorce terrestre, le peuple des pierres a du flair. Avec lui à tes côtés, tu mets le pied à l'étrier. Forme, couleur, rondeur. Chaque membre de cette tribu est unique et identique à la fois. Certains ont tout pour plaire, là où d'autres n'affichent que fissures et éclats. Parfois amassé au pied d'une montagne, le peuple des pierres montre la voie. Au gré du temps, au fil des saisons, ce peuple parcourt la terre. Grand voyageur, il garde en mémoire les traces de l'histoire. Fruit du temps, de la vie, de la nature. La pierre se repose sur le lit d'une rivière, elle s'érode en bordure de mer. Quels que soient sa taille, sa couleur ou son relief, la pierre garde en elle. Elle observe, elle témoigne, elle accompagne. Certaines histoires racontent qu'en chacune d'entre elles un esprit sommeille. Que chaque pierre renferme un mystère. Crois-tu au hasard ? Es-tu attentive aux synchronicités ? Le peuple des pierres t'offre aujourd'hui sa médecine. Grand gardien, il croise ta route pour que jamais plus tu ne voies l'autre comme avant. Il est l'aimant, le messager venu du futur, venu du présent, venu du passé pour t'éveiller. Quelles que soient leurs cicatrices, il t'invite à percevoir les êtres de ton monde au-delà de leur apparence. Laisse ta tête au repos. Éloigne-toi de tes idéaux. Libère-toi des préjugés et laisse le temps présent se distiller.

CÉRÉMONIE D'INTÉGRATION

Adopte le prochain caillou qui se présentera sur ton chemin. Ouvre un cercle de bénédiction et ferme les yeux un instant pour communier avec ce représentant du peuple des pierres. Remplis-toi de sa magie, de son énergie. Glisse-le dans une de tes poches et referme le cercle. À chaque fois que ta main se faufilera dans ta poche, remercie la pierre et ramène ton esprit au présent. Touche sa texture, familiarise-toi avec sa température.

12
LES ESPRITS DE LA FORÊT

12

LES ESPRITS DE LA FORÊT

LES MOTS TOTEMS

Forêt – nature – éléments – invisible – imagination – écologie – conscience – visions – collaboration

LE MESSAGE DU TAMBOUR

Ferme les yeux. Arrête de regarder. Développe tes autres sens et ouvre ainsi la porte aux esprits de la forêt. Tout n'est pas visible. Chaque plan héberge ses éléments. Avance avec ces énergies et préserve ce qui peut encore l'être.

LES VIBRATIONS DE GUÉRISON

Les esprits de la forêt sont les gardiens de la nature. Ils préservent le bien que nous avons en commun. Ils nous aident à entretenir le lien. Ce fil sans fin, cette onde qui traverse les différentes steppes de notre conscience. Intimement liés aux éléments, ces grands protecteurs en sont la personnification. La terre, le feu, l'eau, l'air. Peuples cachés, civilisations oubliées, ancêtres. Quelles que soient leurs origines, ils n'ont pas besoin de se montrer aux humains. Fusionnels avec les végétaux, les rivières, les pierres, ils sont le lierre qui s'enlace autour de l'arbre. Ils sont les racines qui rendent possible la vie sous terre. Ils sont la roche, la brique, la montagne qui montre le chemin. Tantôt paramécies, tantôt grands comme des géants, les esprits de la forêt appellent et surveillent. Témoin du temps, de la météo, d'une forme de chaos ambiant. Les voir ici aujourd'hui est pour toi une formidable guidance. Une invitation à la collaboration, le temps venu de l'initiation. Tu es prête. Tu es un maillon de la chaîne. Retrouve le sentier, foule le terrain. Emboîte leur cycle et ressens l'éveil de ton printemps. Écologiste du cœur, il est grand temps de faire confiance aux éléments. Utilise le silence, ta voix ou la vibration d'un tambour. Entends tes pas. Touche l'écorce. Perçois le parfum du renard. Goûte la fraîcheur de la rivière. Main dans la main, leur royaume devient le tien.

CÉRÉMONIE D'INTÉGRATION

Dans la nature, ouvre un cercle de bénédiction. Ferme les yeux et ressens. Fusionne avec les éléments. Développe ainsi ta capacité à percevoir au-delà de ce qu'il est dit pouvoir voir. Accueille et intègre les messages sans jugement. Reste ici un moment et, ensuite, referme le cercle.

13
LE PEUPLE DES ARBRES

13

LE PEUPLE DES ARBRES

LES MOTS TOTEMS

Décision – racines – ancrage – cœur – vibrations – famille – protection – liberté – renouveau – chance – guérison

LE MESSAGE DU TAMBOUR

Depuis les profondeurs de la forêt, une voix murmure. Elle diffuse jusqu'à ton âme l'onde de la bienveillance. Le peuple des arbres te protège. Sollicite son énergie et il t'aidera à prendre les grandes décisions de ta vie.

LES VIBRATIONS DE GUÉRISON

S'ancrer à la terre pour aucun n'est une mince affaire. Le peuple des arbres prend sa place. Feuillages divers, troncs prospères, ses représentants font un travail de titan. À peine le gland tombé au pied de l'arbre, le sanglier est déjà en train de le manger. Chacun tient une place, chacun a un rôle à jouer pour le bien-être des habitants de la forêt. Aidé des oiseaux, des insectes, des mammifères, mais aussi par la pluie et le vent, la pollinisation peut avoir lieu. De cet amour improbable naissent les milliers de graines qui par l'humus sont couvés. Si tous les paramètres sont assemblés, le germe sort de terre, la vie s'élève. Du peuple des arbres émane une certaine sensibilité. Dans un langage sourd à nos yeux, ils communiquent entre eux. À leur rythme, ils ont la capacité d'annoncer à leur semblable un danger. Ils sont le modèle parfait d'interconnectivité. Chaque arbre est unique même si une même famille possède le même type d'énergie. Le peuple des arbres traverse aujourd'hui le voile qui te sépare de lui et t'encourage à faire appel à son énergie. Qu'attends-tu pour aller le retrouver ? N'attends pas que la sève qui coule dans ses veines soit éveillée par l'appel de l'été. Enlace un arbre. Couvre-le de bienveillance, de baisers. Parle-lui de ce qui te tourmente, des décisions que tu n'arrives pas à prendre. Être de la nature, ta confiance est la bienvenue. Ressens la vérité traverser tes tissus.

CÉRÉMONIE D'INTÉGRATION

En ville ou en forêt, approche-toi d'un arbre. Gardien des lieux, guérisseur, survivant. Choisis celui qui t'attire le plus à lui. À ses pieds, ouvre un cercle de bénédiction. Par une respiration lente et profonde, connecte-toi à la sagesse de ce représentant. Utilise tes mains pour le toucher, ton cœur pour l'entendre, ton intuition pour le comprendre. Reste ici un moment. La terre te soutient. Sens-toi unie à son élément. Remercie cet arbre et referme le cercle.

14
LE PEUPLE DES NUAGES

14

LE PEUPLE DES NUAGES

LES MOTS TOTEMS

Méditation – lâcher-prise – créativité – esprits – voyage spirituel – communication – immensité

LE MESSAGE DU TAMBOUR

Virevoltant de plaisir, le peuple des nuages se promène. Tout là-haut dans ton ciel, il voyage et transporte dans ses bagages les songes indispensables à une vie stable.

Enfile le costume de tes 6 ou 7 ans et rêve ton présent un instant.

LES VIBRATIONS DE GUÉRISON

Sur les hauteurs de l'Himalaya, au sommet des montagnes de la cordillère des Andes, le peuple des nuages inonde l'océan céleste. Stratus, cirrus, cumulus. À chaque tribu son importance, son message, son ambiance. Dans de nombreuses histoires, le peuple des nuages est à l'honneur. Alors que la croyance nous incite à les voir comme des éléments météorologiques négatifs, les nuages sont la plupart du temps vecteur de messages positifs. Ils véhiculent la pluie qui arrose les terres asséchées, ils annoncent une accalmie après les tempêtes les plus dévastatrices.

Telle la louve, ce peuple nous protège des rayons brûlants du soleil. Il offre du mouvement, il nous ramène au souvenir de nos origines nomades. Pour certains, le peuple des nuages abrite un clan de revenants. Des esprits bienveillants qui se déplacent au-dessus de nos têtes dans le même ordre d'idées que le font nos pensées. Phénomène naturel, guide, aimant spirituel. Le peuple des nuages se présente dans ton ciel et t'invite à t'alléger du négatif. Calme ton mental, mais ne cherche jamais à l'arrêter. Lorsque de lourdes pensées traversent ton esprit, observe-les passer sans t'y attacher. Lâche du lest et observe en conscience ce défilé créatif. La montgolfière colorée de tes idées peut alors s'élever. Te voilà à nouveau autorisée à rêver. Méditer devient ton meilleur allié.

CÉRÉMONIE D'INTÉGRATION

Sous un ciel habité de nuages, en conscience, ouvre un cercle de bénédiction. Prends quelques minutes et observe-les se déplacer. Qui est le chef de ce clan ? Combien ont-ils d'enfants ? Vivent-ils en ville ou en bordure d'océan ? Laisse ton esprit s'amuser et autorise-toi à créer de nouvelles pensées. Tu es libre de rêver. Referme le cercle et remercie l'immensité du rôle clé qu'elle joue dans cette infinitude de possibilités.

15
LE CLAN DE L'AIR

15

LE CLAN DE L'AIR

LES MOTS TOTEMS

Fraîcheur – mouvement – intelligence – nervosité – vie – expansion – communication – adaptabilité

LE MESSAGE DU TAMBOUR

Léger comme une plume, le clan de l'air t'emmène au loin. À l'écart du bruit, il te porte et te rapproche de l'harmonie. Ressens comme tout est onde, comme tout est vibration. Dirige ton esprit par ici, là où la douleur s'estompe. Le calme s'empare de toi.

LES VIBRATIONS DE GUÉRISON

Délicieuse caresse, élément maîtresse. En tout temps, le clan de l'air est en mouvement. Tantôt léger, doux et lent. Tantôt imprévisible, rapide, inquiétant.

Le clan de l'air siffle l'ici et maintenant. Il maintient notre attention dans sa direction. Il souffle, il balaie, il emmène tout au loin. Forme physique, mystique matrice. Le vent, phénomène atmosphérique passionnant. De zone en zone, sa chaleur s'élève de terre et appelle la fraîcheur de l'air à quitter l'océan. Jeu de polarité, attirance et rejet. Lorsque la température du sol régresse, le vent retourne à son autre parent.

De la mer à la terre, de la terre à l'océan. Son onde suit sa courbe, son thermomètre danse de haut en bas. Si avec les lunettes du chamane tu observes ce clan, l'air t'inspire par son chant. Du nord à l'est, du sud à l'ouest, ne sens-tu pas cette main dans ton dos ? Ce partenaire qui dans la tempête rassemble les morceaux ? Le clan de l'air est ton complice. Alors, cesse de marcher à contrevent. Laisse-toi porter et calme ton énervement. Observe la façon de faire des oiseaux. Adopte la posture du papillon. Le vent touche ton être et décharge ses circuits électriques. Souviens-toi : le roseau fléchit, mais ne rompt pas. Ouvre-toi au monde, communique sur ce qui ne va pas et tempère le sentiment d'insécurité qui est peut-être venu s'installer.

CÉRÉMONIE D'INTÉGRATION

Dans la nature, ouvre un cercle de bénédiction et connecte-toi à l'énergie du vent. Ressens sa consistance. Fusionne avec sa forme, son mouvement. Laisse-le toucher ton cœur pour comprendre comme il t'aime vraiment. Respire la vie. Souris et referme le cercle quand le moment s'y prête.

16
LE CLAN DU FEU

16

LE CLAN DU FEU

LES MOTS TOTEMS

Protection – offrandes – purification – respect – sacré – traditions – messager – passion – célébration

LE MESSAGE DU TAMBOUR

Le clan du feu te libère de ce qui te pèse. Sous ses airs envoûtants, il te protège et t'incite à prendre soin de ton feu intérieur. Attise tes passions, nourris ta détermination. La confiance en toi renaît. Prends ta place, tu sais qui tu es.

LES VIBRATIONS DE GUÉRISON

Le clan du feu est un allié sacré. Jadis né de la friction ou de la percussion, une allumette craquée nous permet aujourd'hui de l'inviter. Le feu. Guide éternel, compagnon de la vie, même moderne. Acteur principal de notre évolution, le clan du feu est précieux. Intimement lié à la nature des éléments, la pierre le contient dans son cercle lorsqu'il est question de l'éveiller sous la voûte céleste. Le bois pour l'entretenir, l'eau pour l'éteindre, l'air pour le stimuler. Le feu danse. Il réunit. Il nous nourrit par l'aliment qu'il cuit. Symbole de naissance, de vie, de survie. Il crépite et porte vers les étoiles la vapeur des offrandes que l'humain lui fait. Pendant des siècles, témoin impuissant de la cruauté de l'homme à l'égard des dites « sorcières » condamnées au bûcher, le feu n'en est pas moins resté un ami qui nous veut du bien. Symbole du soleil, ce clan nous rappelle que nous sommes étincelle, que chaque bougie soufflée imprime dans ce monde notre vérité. As-tu chaque jour la conscience de la flamme de vie que tu portes en ton sein ? Ne laisse pas s'éteindre ton feu. Ne laisse pas la folie de la vie consommer tes désirs, tes projets, tes envies. Des cendres des expériences qui ne t'ont laissé aucune chance, ose te réinventer. Explore ce qui te fait vibrer et la confiance en toi renaît.

CÉRÉMONIE D'INTÉGRATION

Ferme les yeux et visualise une plage abandonnée. Ouvre un cercle de bénédiction. Sous ta peau, ressens le sable chaud. Grand-Père Soleil est au zénith. Ses rayons orangés rechargent ton corps. Depuis ton nombril, ton feu intérieur se diffuse dans chacune de tes cellules. Respire et remercie le clan du feu. Le rythme de l'océan est lent. Il dirige jusqu'à toi l'énergie de la passion. Ton feu intérieur est de plus en plus présent. Honore, ressens et referme le cercle.

17
LE CLAN DE L'EAU

17

LE CLAN DE L'EAU

LES MOTS TOTEMS

Sensibilité – émotions – transformation – douceur – solution – sacré – hydratation – mémoire – onde

LE MESSAGE DU TAMBOUR

Quand le velours du clan de l'eau rencontre le parfum délicieux de ta motivation, l'heure est à la transformation. Baisse la garde, accueille ta destinée. Avec sa légendaire fluidité, l'eau t'offre le don de t'améliorer. Laisse tomber les armes et observe se modeler ton paysage.

LES VIBRATIONS DE GUÉRISON

Liquide de transformation, philtre d'élévation. Te souviens-tu de ton séjour in utero ? Bain de jouvence, magie de la naissance. Le clan de l'eau ne laisse personne indifférent. Il est unique, il est magnétique. À l'origine, il y avait l'eau. Source de vie qui coule dans nos veines. Elle est le lien qui unit tous les habitants du monde des vivants. En grande partie, notre corps en dépend. Océans, grands lacs, rivières, glaciers. Le clan de l'eau sait. En son cœur, il abrite les plus grandes richesses de notre planète. L'eau transporte, hydrate, enveloppe. Même en haute montagne, elle modèle les paysages les plus improbables. Eau fossile, eau de vie, eau de ville. Le clan de l'eau garde tout en mémoire. Il se souvient des propriétés de ce à quoi il a été exposé. Mais à quoi bon transporter tant de bagages ? À quelles fins véhiculer ainsi quantité d'informations telles que la joie, la peur, la haine, l'amour, la colère, la pollution ? De l'ordinaire d'une goutte de pluie à la complexité de ses pairs cristallisés, le clan de l'eau séduit. Comme un galet jeté à la surface d'une rivière, l'onde de l'eau t'encourage à la transformation. Dans un silence, avec souplesse, façonne ta vie avec confiance. Cesse de pagayer à contre-courant. Laisse tomber les armes de la maîtrise en tout temps. Sur les flots de la vie, suis le courant. Tout est plus léger et constant.

CÉRÉMONIE D'INTÉGRATION

Au lavabo, sur la rive d'une rivière ou en bordure de mer, ouvre un cercle de bénédiction. Dans le creux de tes mains, accueille une coupe d'eau fraîche. Asperges-en ton visage. À plusieurs reprises, baignes-y ton nez et remercie le clan de l'eau. Nourris-toi de cette fraîcheur. Puises-y l'envie d'accueillir le pouvoir de transformation de la vie. Ressens. Ensuite, éponge ton visage et referme le cercle.

18
LE CLAN DE LA TERRE

18

LE CLAN DE LA TERRE

LES MOTS TOTEMS

Racines – fertilité – abondance – immunité – sécurité – générosité – carrière – stabilité – renaissance

LE MESSAGE DU TAMBOUR

Le clan de la terre t'attend depuis longtemps. Dans son humus, déposes-y les graines que tu souhaites voir germer. Autorise ton essence à s'exprimer. Tu trouveras la sécurité dans la stabilité. Le temps est venu d'oser expérimenter.

LES VIBRATIONS DE GUÉRISON

Vêtement fertile, fils cousus enveloppant notre mère. Le clan de la terre est prospère. Il est le point d'ancrage, il est le lieu de départ. Lourd, lent, volumineux. De tous les éléments ce clan est le plus puissant. Il est solide, malléable, structuré. D'une texture variable, la terre est un noyau de fécondité. Fertile à souhait, chaque printemps, cette pouponnière nous encourage à de nouveaux élans. D'ici germe la graine. De là est produit l'aliment qui permet à notre humanité de perdurer. Sa densité nous offre la stabilité. Le clan de la terre nous tient. Dans cet univers haut en couleur, riche en vibrations, sur lui, nous marchons. Quand arrive l'heure du grand voyage, c'est en sa demeure que nos dépouilles sont déposées. Devenant à notre tour l'aliment, l'engrais, le médicament. Le clan de la terre nous nourrit, et en retour, nous le nourrissons aussi. Lorsque nous étions enfants, ce clan était davantage présent dans nos sentiments, complice de nos expériences. Dans sa boue nous avons sauté, de son argile nous nous sommes amusés. Allié de ton immunité, la terre te permet de t'enraciner. Elle t'insuffle une dynamique nouvelle, elle te soutient dans les étapes du changement. Le métier que tu exerces te rend-il heureuse ? Ta relation amoureuse actuelle te nourrit-elle ? De quoi as-tu peur ? Avec le clan de la terre pour te stabiliser, tes craintes peuvent s'évaporer.

CÉRÉMONIE D'INTÉGRATION

Sur une serviette, dispose un bol de terre sur ta droite, un bol d'eau tiède sur ta gauche et une bougie allumée au centre. À la tombée de la nuit, ouvre un cercle de bénédiction. Pose les mains sur ton cœur et invite le calme à te tenir compagnie. Plonge les mains dans l'eau. Prends ensuite une belle boule de terre. Façonne-la à ta manière, mais laisse place au clan de la terre. Au besoin, rajoutes-y un peu d'eau. Respire et apprécie ce moment. Détache-toi de l'attente et du temps. Remercie la terre d'être là pour toi. Quand tu le choisiras, referme le cercle et conserve la terre que tu as malaxée. Utilise la serviette pour t'éponger les mains.

19
LE COQUILLAGE

19

LE COQUILLAGE

LES MOTS TOTEMS

Fécondité – force – plaisir – mystères – éternité – amour – immortalité – protection – émotions

LE MESSAGE DU TAMBOUR

Souviens-toi ! Dans le royaume de l'âme, ton arrivée est à chaque fois une célébration. Dans la danse du mouvement en spirale du coquillage, tu te connectes à ton énergie intérieure primordiale.

LES VIBRATIONS DE GUÉRISON

Le coquillage est une des merveilles de la nature aussi mystérieuse que raffinée. Par sa délicatesse, il nous rappelle la caresse offerte aux rivages par les flots de l'océan. La ressemblance étroite du mollusque qu'il contient avec le sexe féminin fait de lui un symbole de fécondité, mais aussi d'amour et de plaisir inexploré. Malgré sa fragilité, dans sa grotte parfois hermétiquement fermée, il te préserve des regards. Avec lui à tes côtés, ton âme se sent en sécurité. Dans cette vie, sur terre, dans l'eau ou dans l'air, nous sommes « juste » de passage. Ton souffle de vie, cette étincelle de joie venue animer le corps de chair dont tu jouis, est une divinité en gestation. Pour cette raison, chacune de tes venues dans le royaume de l'âme s'inscrit dans l'histoire de la création. Ressens-tu cette connexion puissante à la flamme qui stimule ta créativité ?

Depuis les profondeurs de son habitat, le coquillage t'invite à te réconcilier avec la douceur du yin, la mesure juste de chacune de tes émotions. Dans cette incarnation, il te propose de prendre conscience du trésor qui se cache derrière chacun des cycles de ta vie. Même dans l'obscurité des choix difficiles que tu dois parfois poser, sa nacre te fait partager la force de rester solidement ancrée et en accord avec qui tu « es ».

CÉRÉMONIE D'INTÉGRATION

Procure-toi un coquillage. Si possible, souvenir d'un de tes voyages. Laisse ton intuition te guider dans le choix de ce dernier. Ouvre un cercle de bénédiction. Allonge-toi dans la chaleur et dépose le coquillage sur le bas de ton ventre. À chacune de tes inspirations, remercie le coquillage pour sa protection. Ton ventre se soulève. À chacune de tes expirations, ton ventre revient. La caresse du divin te traverse. Remercie l'esprit du grand mystère et referme le cercle.

20
L'ARC-EN-CIEL

20

L'ARC-EN-CIEL

LES MOTS TOTEMS

Nouveau monde – collaboration – union – sagesse – amour – harmonie – courage

LE MESSAGE DU TAMBOUR

La pluie finit toujours par arrêter de tomber. Entre deux nuages, l'arc-en-ciel est de passage pour te donner du courage. Dans l'union et la collaboration, tu retrouves la sagesse innée de l'humanité.

LES VIBRATIONS DE GUÉRISON

L'arc-en-ciel. Chemin de traverse entre la terre et le ciel. Escalier coloré, porte du ciel. Dans de nombreuses croyances, l'arc-en-ciel crée un pont entre le monde de la matérialité et celui des divinités. Phénomène optique surprenant, son apparition est toujours considérée comme quelque chose de magique chez les enfants. Et pour cause... Cet arc de cercle géant projette dans nos regards une palette de couleurs unies comme des sœurs. Après la tempête, lorsque Grand-Père Soleil scintille dans le ciel, l'arc-en-ciel apparaît. Au travers du prisme du clan de l'eau, la lumière blanche se transforme. Trésor pour les yeux, véritable palette artistique. Le passage de l'arc-en-ciel est toujours éphémère. L'observer nous demande de tout arrêter, d'accepter cette invitation à vivre le moment présent à 100 %. À l'image de ces couleurs qui après l'orage viennent s'embrasser, l'arc-en-ciel vient t'inviter à te réconcilier. Notre monde est amené à changer. Tous, nous sommes appelés à réapprendre la signification du mot « aimer ». Tolérance universelle, respect, innovation. La nature est notre maison. Ensemble, les peuples peuvent cheminer vers le nouvel âge d'or dont on nous a tant parlé. Te sens-tu prête à te réinventer ? Inspire le monde, deviens sagesse. Incarne la lumière qui traverse l'humanité. Le monde nouveau est prêt à émerger et tu es là pour y participer.

CÉRÉMONIE D'INTÉGRATION

Habille-toi de blanc ou enveloppe-toi dans un tissu clair. Dans la nature, ouvre un cercle de bénédiction. Garde le corps en mouvement et adopte un pas lent et conscient. À chaque pied que tu poses au sol, laisse une couleur te traverser. Ne cherche pas à contrôler tes pensées. Invite l'arc-en-ciel à marcher à tes côtés. Ton énergie vitale s'élève. Tu es lumière. Remercie l'arc-en-ciel. Après ta marche, pose les mains sur le bas de ton ventre et referme le cercle.

Les cartes MÉDECINE

21
LA PLUME D'AIGLE

21

LA PLUME D'AIGLE

LES MOTS TOTEMS

Soin du cœur – visions – sagesse – paix – bravoure – bonnes nouvelles – énergies positives

LE MESSAGE DU TAMBOUR

La plume d'aigle t'offre un message suprême. Elle t'apporte l'amour inconditionnel du Grand Esprit, elle t'annonce de bonnes nouvelles. Prends de la hauteur, observe ton territoire. La confiance et la paix te soutiennent.

LES VIBRATIONS DE GUÉRISON

Le regard perçant de l'aigle s'est tourné dans ta direction. De ses amples battements d'ailes, il t'offre une part précieuse de son plumage. L'aigle est royal, brun, doré. Ce rapace sédentaire est le plus puissant des oiseaux. De tous, c'est lui qui vole le plus haut. Dessinant de larges cercles dans les hauteurs du ciel, il surveille les plaines. Grand prédateur, il se déplace comme un planeur. Rares sont les fois où tu peux l'entendre crier, car sous ses airs de gardien de l'univers, l'aigle se plaît à rester discret. Lien bienveillant entre la terre et le ciel, sa plume est messagère. Jusqu'au créateur, elle dirige tes pensées, tes songes, tes prières. Lorsque sur toi tu portes la plume d'aigle qui t'a été offerte, tu te sens paisible, positive, puissante. Grâce à elle, de belles énergies te pénètrent et traversent ta structure cellulaire. La plume d'aigle diffuse une brume de lumière sur tout ton être. Le quotidien dans lequel tu baignes te nourrit-il d'amour et de joie ? Prends-tu assez soin de toi ? Avec la plume d'aigle, ton champ de vision s'élève, ta nature sincère s'éveille. Prends de la hauteur, prends de la distance avec l'agitation de ton monde « réel » et rapproche-toi de ton cocon spirituel. Sans résistances, laisse faire la plume d'aigle. Ton ascension est majestueuse. De bonnes nouvelles sont en chemin. La guérison du cœur est à l'honneur.

CÉRÉMONIE D'INTÉGRATION

Assise, jambes tendues ou en tailleur, ouvre un cercle de bénédiction. Pose les mains paume contre paume, au centre du cœur, pouces en contact avec le sternum. Ferme les yeux et inspire la lumière que diffuse en toi la plume d'aigle. Garde les yeux fermés. Expire et rends à la terre la tristesse, les pleurs, les contrariétés. Prends le temps de te retrouver. Remercie l'aigle pour le présent qu'il t'a fait. Apprécie, rien ne presse. Ensuite, referme le cercle.

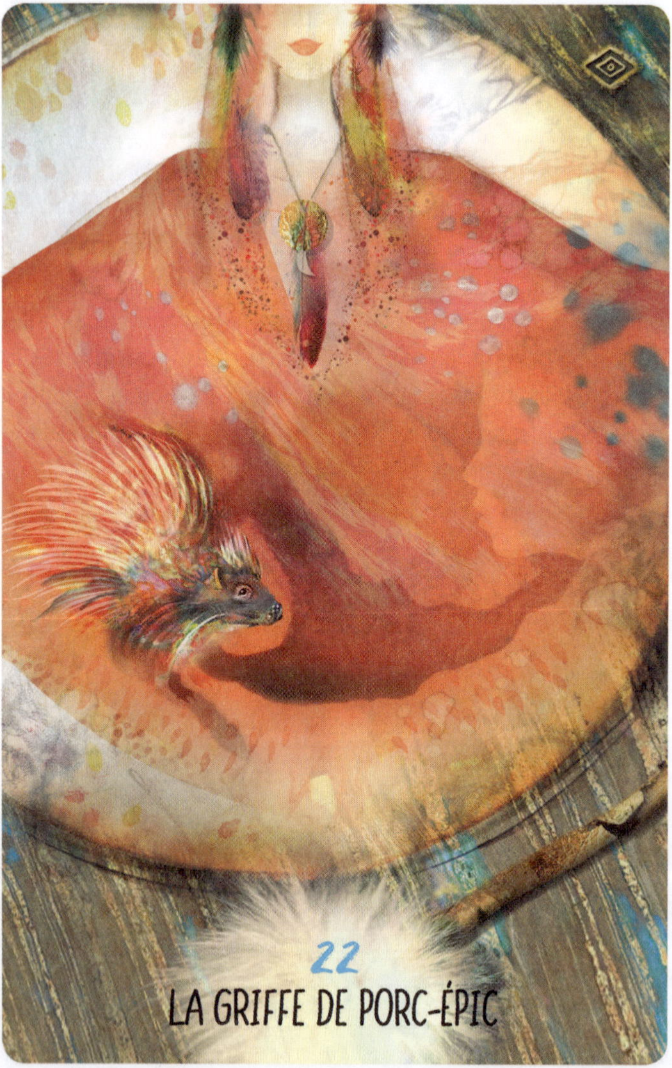
22
LA GRIFFE DE PORC-ÉPIC

22

LA GRIFFE DE PORC-ÉPIC

LES MOTS TOTEMS

Force – curiosité – innocence – amabilité – entrain – confiance en la vie – engouement – pacifisme

LE MESSAGE DU TAMBOUR

La griffe de porc-épic met à l'honneur ton enfant intérieur. Amuse-toi des aigrettes blanchâtres qui s'envolent du pissenlit lorsque tu souffles sur lui. Vois la beauté en toi et tu réussiras à la voir en chaque être et en chaque chose.

LES VIBRATIONS DE GUÉRISON

Mammifère intrigant, le porc-épic est surtout reconnu par son manteau de piquants. Bien que ceci soit moins apparent, il possède sous sa carapace un pelage doux et de longs poils rugueux. À l'approche d'un risque, il hérisse ses pics. Animal lent et solitaire, il se déplace en forêt, dans les arbres ou le long des rivières. Lorsqu'il se sent attaqué, son premier réflexe est de battre en retrait. Grâce à ce comportement défensif, le porc-épic évite bien des préjudices. Quand la fuite n'est pas de mise, c'est dans la rondeur de sa posture qu'il trouve refuge. Le porc-épic, myope pacifique. C'est par l'intermédiaire d'une de ses griffes qu'il t'offre aujourd'hui sa médecine. À son image, il t'invite à prendre garde aux attaques et aux sournoiseries. Pour ceci, la meilleure conduite est la confiance. La croyance, voire la certitude, que tout ce qui se produit autour de toi est le reflet de quelque chose qui est en toi. T'arrive-t-il encore d'éprouver les moments d'innocence de ton enfance ? Voir le monde avec les lunettes de la curiosité et de l'amabilité est une des clés. Souris et attire à toi un sourire. Rayonne la paix et vois se manifester dans tes relations aux autres un climat de paix. Avec la griffe de porc-épic, redécouvre ta capacité à flotter sur les vagues de ta créativité. Trouve la joie dans les petits plaisirs et émerveille-toi de la bonté qui se dirige vers toi.

CÉRÉMONIE D'INTÉGRATION

De ton enfance, laisse émerger un jeu, une danse, un chant ou une prière. Ouvre un cercle de bénédiction. Portée par l'enthousiasme du porc-épic, joue, chante, danse, prie. Ne t'impose aucune limite. Amuse-toi, libère-toi. Ressens la joie t'envahir et remercie la griffe de porc-épic de réveiller ces souvenirs joyeux qui sommeillaient en toi. Plus que de raison, profite. Ensuite, referme le cercle.

23
LA PLUME DE HIBOU

23

LA PLUME DE HIBOU

LES MOTS TOTEMS

Vérité – clairvoyance – magie – influences lunaires – retraite – sécurité – mystère

LE MESSAGE DU TAMBOUR

De sa puissance légendaire, la plume de hibou t'éveille à ta divinité oubliée. Même dans la nuit la plus ténébreuse, le mystère qui t'entoure se dissout. Devine, dévoile, révèle ce que tu perçois au-delà de ce qu'il est dit pouvoir voir.

LES VIBRATIONS DE GUÉRISON

Le hibou t'accorde ce qu'il a de plus précieux. Puissance, mystère, divinité. Le hibou est souvent assimilé à la médecine des sorciers, et rares sont ceux qui peuvent l'observer. Une seule de ses plumes a le pouvoir de te relier à sa magie. Soyeuse comme un bain de lune, elle te révèle l'amour inconditionnel du grand tout. Ce trésor, d'une valeur inestimable lorsqu'il t'est offert, est le médium qui t'unit au souffle de la création. Sous son air redoutant, ce bel oiseau de proie aurait le don de pouvoir prédire l'avenir. N'as-tu jamais cette impression ? Ce sentiment profond de pouvoir faire des prédictions ? Tel le hibou qui se dissimule dans l'obscurité de la nuit, une part de toi se place en retrait pour se sentir en sécurité. Car il y a des choses qui ne s'expliquent pas, d'autres qui ne peuvent être avouées. La vue, l'écoute, l'expérience, l'odorat. Sous ton doux plumage, quelle est cette part de toi qui ne s'exprime pas ? Avec une plume de hibou à tes côtés, l'heure est à la vérité. Es-tu honnête vis-à-vis de toi-même ? Explore tes ombres, accepte-toi, et découvre comme la nuit la plus ténébreuse devient pour toi la voie d'éveil dissimulée par les hauts bois d'une forêt.

CÉRÉMONIE D'INTÉGRATION

Dans l'obscurité, allonge-toi dans ton lit. Ouvre un cercle de bénédiction. Dans la chaleur de tes draps, apprivoise la nuit. Connecte-toi à l'énergie du hibou, à sa présence bienveillante. Remercie-le du présent qu'il t'a fait. Reste unie à lui par la magie. Referme le cercle et rejoins ton monde onirique.

24
LA HUTTE DE SUDATION

24

LA HUTTE DE SUDATION

LES MOTS TOTEMS

Purification – guérison – renaissance – énergies – mise à nu – beauté – humilité – monde des esprits

LE MESSAGE DU TAMBOUR

Le Grand Esprit t'offre aujourd'hui une parure nouvelle. Sur son jardin secret, la porte s'ouvre. La hutte de sudation t'accueille dans sa maison. Au cœur de ses entrailles, retrouve ta nature sauvage. Embrasse ton âme et laisse se dissoudre le « moi » en toi.

LES VIBRATIONS DE GUÉRISON

« Par quatre fois, la porte s'ouvrira. Dans les quatre directions, la magie opérera. » La hutte de sudation est une petite maison. Lieu de mystères, à l'image du ventre d'une mère. Bain de vapeur, sauna, rituel de guérison. Pénètre dans la tente et renoue avec tes origines. Être spirituel, souviens-toi de la puissance de ce rituel. Ramène à ta mémoire la douceur des pierres. Rondes, polies par la rivière et réchauffées par le clan du feu. Réunies, déposées au cœur du dôme tissé de bois souples et couverts de draps de laine. Au son du tambour, le voyage est enivrant. Chants, offrandes, hochets. Assise sur les branches de sapin posées au sol, la vapeur du clan de l'eau s'élève vers la coupole. Véritable mise à nu, le monde des esprits s'invite à la partie. Sauge, cèdre, foin d'odeur. Posée sur la pierre brûlante, l'essence des herbes médicinales se diffuse et contribue à ce temps de purification. Émanations de guérison, corps pur, quiétude de l'esprit. La hutte de sudation t'invite à prendre un temps de réflexion. Comment se passe ta vie ces derniers temps ? Y a-t-il des comportements que tu aimerais pouvoir améliorer ? Profite de ce passage, de ce rite de nettoyage pour renaître à l'essentiel. Terre, feu, eau, air. Remercie leur remède et ressens l'amour de Mère Terre.

CÉRÉMONIE D'INTÉGRATION

Ventre contre terre, en nature ou sur le confort d'une couverture de laine, ouvre un cercle de bénédiction. À chaque inspiration, ton ventre devient rond. Une vague de chaleur inonde ton cœur. À chaque expiration, relâche et remercie. Continue de respirer en conscience. Fusionne avec la terre et sens-toi unie à l'utérus de ta propre mère. Les bienfaits de la hutte de sudation voguent dans ton corps. Reste ici un moment. Puis, referme le cercle.

25
LE BÂTON DE PAROLE

25

LE BÂTON DE PAROLE

LES MOTS TOTEMS

Écoute – empathie – communication – expression – harmonie – réconciliation – respect – pardon

LE MESSAGE DU TAMBOUR

À trop parler, il arrive de ne plus savoir comment écouter. Le bâton de parole invite au respect. Il apaise, il régule le flot des mots. Accepte d'entendre les maux et accueille l'harmonie qui s'installe dans tes relations.

LES VIBRATIONS DE GUÉRISON

Même au sein des plus petites communautés, il arrive de ne plus savoir comment s'écouter. Prisonniers de nos peurs, esclaves de nos douleurs. Orné de ses plus belles couleurs, le bâton de parole se fait alors médiateur. Une branche robuste. Chêne, bouleau, cerisier, noyer. Symboles de force, de pureté, d'amour, de longévité. Assis dans le cercle, le sablier du temps s'arrête pour un moment. L'heure est à l'empathie, à l'écoute, au respect. Dans notre société, trop souvent, il nous arrive d'oublier de prendre le temps. Mots tendres, échanges en conscience, communication bienveillante. Vivre la relation à l'autre. Sans écrans, sans interruption, sans urgence. Le bâton de parole est une merveilleuse invitation. Un gage de partage, une voie de réconciliation. Peut-être as-tu toi-même été victime de ces épées ? De ces mots qui blessent aussi vite qu'ils ont été prononcés ? Donner la parole à l'autre et prendre le temps de l'écouter est un acte d'amour que nous avons pour beaucoup oublié. Dans nos pensées, pourtant, nous l'avons intégré. Mais combien de secondes s'écoule-t-il avant que la réplique nous ramène au « je », au « moi », au jugement ? Par l'écoute silencieuse et désintéressée, offre ton amour à l'autre. Deviens l'oreille bienveillante dans laquelle s'allège le poids des maux. Incarne ce réceptacle capable de tout transformer en harmonie et vois comme tout autour de toi devient plus joli.

CÉRÉMONIE D'INTÉGRATION

Rassemble un bois robuste, quelques morceaux de tissus, des plumes, des perles, de la ficelle. À la lueur d'une bougie, ouvre un cercle de bénédiction. Sans attentes, sans règles ni contraintes, décore ton bâton de parole. Deviens l'artiste libre et inspiré. Offre de ton temps à cette belle création. Déguste chaque instant de silence où l'habitude d'un « je sais » se transforme en humilité. Apprécie cette forme de méditation et remercie le bâton de parole pour le potentiel de réconciliation qu'il distille déjà dans ta voix. Quand tu le souhaites, referme le cercle.

26
L'ATTRAPE-RÊVES

26

L'ATTRAPE-RÊVES

LES MOTS TOTEMS

Inconscient – nuit – cycle de vie – protection – soleil – équilibre – audace – sérénité – action – réalisation

LE MESSAGE DU TAMBOUR

Depuis l'ombre de tes nuits, l'attrape-rêves agit. Laisse pénétrer les rayons du soleil dans ta vie et murmure au monde les rêves qui chaque jour occupent tes songes. Prends des décisions ! Passe à l'action !

LES VIBRATIONS DE GUÉRISON

Grand protecteur du sommeil, l'attrape-rêves t'éveille. Sous ses airs modernes, il se fond dans la décoration d'un salon. Bariolé à souhait, il nous arriverait même d'en oublier sa nature vraie. Sa raison d'être, son essence primaire. Partenaire de sérénité, enquêteur de vérité. C'est ainsi qu'à toi se présente ce talisman de protection. Fabriqués à partir de bois souples entrelacés, à travers lui, tous les cycles de la vie sont représentés. À l'image de la Lune, du Soleil et de toutes les planètes de l'Univers, il nous ramène à la rondeur de toute forme de vie sur terre. Anneau divin, cercle sacré. L'araignée dans sa toile tissée observe la capture des rêves usés. Cauchemars, frayeurs, terreurs. Suspendu au-dessus d'un lit, il invite les rayons matinaux de Grand-Père Soleil à transformer en cendres les images négatives qui nous hantent. L'attrape-rêves, lorsqu'il te rend visite, t'encourage à laisser glisser sur ses plumes tes désirs inavoués. Tes espoirs, tes songes, tes aspirations. Quelle est ta grande vision ? Quel est ce grand rêve que tu n'oses pas encore mettre en action ? Le sommeil peut être un état de conscience éveillé. Détachée du don que tu as de créer la réalité dans laquelle tu souhaites t'élever, tu en oublierais de te réveiller. Flirte avec ta destinée, prends des décisions, pose chaque jour de petites actions. Crois en lui et l'attrape-rêves devient le prince de ta vie.

CÉRÉMONIE D'INTÉGRATION

Dans la douceur de ton édredon, ouvre un cercle de bénédiction. Visualise ton propre capteur de rêve. Avant que vienne ce moment de la nuit où le rêve endormi frappe à la porte de ton monde onirique, prends un temps de méditation. Utilise le pouvoir du « OM », ce son que tu peux laisser vibrer dans ta tête, dans ta gorge, dans ton ventre. Laisse ses vibrations conduire tes peurs, tes terreurs, tes doutes jusqu'à la toile tissée de l'attrape-rêves. Visualise, libère, respire. Sens renaître la confiance. Quand tu le souhaites, referme le cercle.

27
LES CHEVEUX DE LA TERRE

27

LES CHEVEUX DE LA TERRE

LES MOTS TOTEMS

Paix – protection – purification – unité – féminin sacré – mouvement – attraction – invisible

LE MESSAGE DU TAMBOUR

Tu n'es pas seule. Dans le mouvement continu de la vie, les cheveux de la terre attirent et inspirent l'harmonie. L'esprit ouvert, perçois les énergies positives qui se dirigent vers toi.

LES VIBRATIONS DE GUÉRISON

Le foin d'odeur, aussi connu sous le nom de « cheveux de la terre mère » est une des plantes les plus féminines qui soient. Élancée, souple, légère. Chacune de ses tiges, lorsqu'elle s'évapore en fumée, accompagne nos prières vers le monde invisible, l'univers de la spiritualité, l'espace sacré. Utilisée par les Amérindiens lors de rituels et cérémonies, elle purifie et apporte protection et purification. Alors que la sauge brûlée a pour intention de faire fuir les esprits mauvais, les cheveux de la terre agissent comme un aimant qui permet d'attirer à soi des énergies bénéfiques.

Avec le foin d'odeur pour guide, tu es invitée à initier l'autre à la paix. Incarnes-tu le changement que tu aimerais voir se manifester dans le monde des vivants ?

Avec fluidité, renoue avec la puissance de la féminité. Elle est une des clés, la lumière qui éclaire la voie de l'unité. Comme un hommage à la part de ton être toujours, prête au grand voyage, déguste chaque journée avec gourmandise. Tout naturellement, transporte ainsi le soleil dont le reflet des rayons dans le regard de l'autre offre à ton environnement douceur et inspiration. Tu es la créatrice de la réalité dans laquelle tu souhaites prospérer. Active ton feu intérieur et reste en mouvement.

CÉRÉMONIE D'INTÉGRATION

Installe-toi au calme. À la lueur d'une bougie, couvre tes épaules d'un tissu que tu affectionnes. Ouvre un cercle de bénédiction et ferme les yeux. Dans la recherche d'un silence intérieur, renoue avec la puissance de ta lignée de femmes. Mères, sœurs, tantes, grand-mères, arrière-grand-mères... Célèbre en toi leur présence et unis ton cœur à leur puissance. Profite de ce moment quelques instants. Referme le cercle.

28
LA SAUGE

28

LA SAUGE

LES MOTS TOTEMS

Cœur meurtri – tristesse – purification – protection – rituel – esprits – énergies – spiritualité – enveloppe – cocon

LE MESSAGE DU TAMBOUR

Par son nuage de fumée, la sauge t'enveloppe de tous ses bienfaits. Le cœur protégé, l'esprit sain, tes pensées sont épurées. Le parfum de ta spiritualité est activé.

LES VIBRATIONS DE GUÉRISON

Utilisée depuis plusieurs milliers d'années pour ses vertus connues sur la santé, la sauge est une formidable alliée. Tant bénéfique au corps qu'à l'esprit, elle trouve sa place en cuisine, sur un autel ou dans une pharmacie. Véritable plante sacrée, la sauge n'a de cesse d'inspirer. Elle accompagne le chamane lors de ses rituels, elle recharge les lieux d'une énergie nouvelle. Lorsque sur un objet ou une pierre des ondes négatives se sont accumulées, la sauge peut les alléger. Accessoire indispensable d'un kit de nettoyage vibratoire, cette herbe au caractère prononcé est brûlée. Sa fumée se disperse et installe un espace sécurisé. Une zone au pouvoir élevé. Un lieu parfumé, rassurant, purifié. L'intention de sa visite aujourd'hui est de réenchanter ta vie. Elle reconnaît en toi l'ange meurtri. Pour mieux encore le protéger, elle écoute ton enfant blessé. Se pourrait-il que ton cœur se soit fermé ? Que ton esprit ait été troublé ? Les cicatrices émotionnelles, souvenirs de ton passé, sont parfois réactivées. Liées à cette vie ou à la souffrance de ta lignée, elles peuvent te faire vaciller. Laisse la sauge t'envelopper. Autorise-la à te prendre dans ses bras. Un voile de protection se dépose sur ta peau. Profite de cette atmosphère nouvelle pour oser ta spiritualité.

CÉRÉMONIE D'INTÉGRATION

Procure-toi de la sauge blanche et trace au sol un cercle imaginaire d'un mètre ou deux de diamètre. Au centre, déposes-y une bougie allumée. Ouvre un cercle de bénédiction. Reste debout. Allume la sauge et ressens ton ancrage à la terre. Accueille en toi la lumière. Libère-toi des énergies qui ne te sont pas salutaires. Déplace-toi dans le cercle. Ressens les bienfaits de cette enveloppe de protection. Reste un moment dans ce cocon et remercie l'esprit de la sauge. Écoute ton corps et, quand tu le souhaites, referme le cercle.

29
LE HOCHET

29

LE HOCHET

LES MOTS TOTEMS

Vitalité – mémoire cellulaire – harmonie – protection – nettoyage émotionnel – femme sauvage – rythme – danse

LE MESSAGE DU TAMBOUR

Le son du hochet suit sa courbe. Dans sa course, il t'écoute. Il entend l'émotion qui te traverse. Il la reconnaît, il l'observe. Accueille sa présence bienveillante. Sens sur ton épaule se déposer l'étoile aimante qui accompagne tes journées. Tu es accompagnée.

LES VIBRATIONS DE GUÉRISON

Femme sauvage, mélancolie du regard. À peine étais-tu née que déjà peut-être tu as été accompagnée par le hochet. Ami dévoué, enfance protégée. Dès le berceau, le hochet permet de purifier. Véritable son de protection de l'âme, il harmonise les énergies et repousse les mauvais esprits. Le hochet est un instrument présent dans de nombreuses cultures. Il nous reconnecte à notre essence, au souvenir des rites de transe. Dans un mouvement incessant, les graines ou les pastilles de bois placées dans son creuset s'entremêlent. Elles percutent la paroi. Contenues dans leur récipient, mais conscientes qu'autre chose existe vraiment. Par sa vibration, le hochet nous unit tant à la vie qu'au monde des esprits. Sans limites ni constance, ses percussions se diffusent. Dans le corps, dans la nature, jusque dans les profondeurs de l'univers. Sa douce musique calme l'esprit. Lorsqu'il s'invite dans ta vie, le hochet est un convive qui vivifie. Il dissout tes tensions, il soulage tes émotions. Quel est le rythme qu'il te convient d'adopter ? De la lune au soleil, de la montagne à l'arc-en-ciel. Les étoiles dans le ciel, la pluie qui sur ton visage perle. Le hochet te relie. L'eau, la terre, le feu et l'air. Jour et nuit, règne animal ou végétal, trouve ce lien qui te fait sentir être un. Même sans éloquence, danse ta vie et le quotidien te réussit.

CÉRÉMONIE D'INTÉGRATION

Rassemble une poignée de perles ou une demi-tasse de pépins de cerises. Dépose tes trésors dans le creux de ta main gauche et place ta main droite par-dessus l'autre. Ferme les yeux et ouvre un cercle de bénédiction. Garde les mains unies et place-les en coquille. Fredonne un son lié à ton enfance. Une berceuse, un chant scout, une prière. Libère l'énergie et secoue tes mains en guise d'accompagnement. Le hochet et toi ne formez plus qu'un. Ressens le mouvement. Perçois les sensations liées à la friction. Écoute ta peau, respire dans l'émotion et remercie les esprits de cette formidable connexion. Ensuite, referme le cercle.

30
LA PIERRE DU CIEL

30

LA PIERRE DU CIEL

LES MOTS TOTEMS

Méditation – bouclier – blocages psychologiques – équilibre – courage – chance – timidité – intuition – communication

LE MESSAGE DU TAMBOUR

Dans sa robe bleue de velours, la pierre du ciel t'offre tout son amour. D'un pas de danse à un autre, son diapason éveille ton intuition. Dis stop aux énergies négatives et trouve l'harmonie entre méditation et communication.

LES VIBRATIONS DE GUÉRISON

La pierre de ciel interpelle. Fragment de vie venue tout droit des entrailles de la terre, sa beauté est semblable à celle de la mer. Utilisée depuis des millénaires pour ses nombreux pouvoirs de guérison, elle soigne le corps de nombreux maux. Bouclier de protection, la turquoise est une amie de compassion. Elle absorbe les énergies négatives et les transmute en ondes positives. Charme, chance, assurance. La pierre du ciel favorise une communication aimante. Te rendre visite est pour elle synonyme de bénédiction. Pierre sacrée, messagère des dieux. Souvent utilisée pour surmonter la timidité, elle attire pourtant sur elle les regards désireux. Thérapeute malgré elle, elle t'encourage à cesser de croire que tout doit être rose ou noir. Terre d'ébène, pierre de sel. La couleur des jugements que l'on pose sur toi est-elle si contrastée que cela ? Écoute ce que l'autre pense, mais ne te réfugie pas dans sa croyance. Aujourd'hui est ton jour de chance, car il en faut du courage pour oser se lancer. Évite le saut de l'ange et, chaque jour, dans le respect de qui tu es, adopte une posture lente, mais confiante. Médite, centre ton attention sur la roue de ton intuition. Entre tes deux yeux, fixe un point imaginaire et laisse tomber les barrières. L'esprit léger, tu y vois plus clair.

CÉRÉMONIE D'INTÉGRATION

Prends un temps de méditation. Ouvre un cercle de bénédiction. Par l'intention, emporte la pierre du ciel dans ce voyage de douceur. Place-la au cœur de ton œil intérieur et connecte-toi à la sagesse enfuie en toi. Utilise la visualisation pour cela. Respire le calme et la sérénité qui s'installent. Reste ici un moment et remercie. Referme le cercle.

Les cartes TRÉSOR

31

LA JOIE

31

LA JOIE

LES MOTS TOTEMS

Rire – sourire – lâcher-prise – légèreté – audace – choix – bonheur – satisfaction – reliance – charisme

LE MESSAGE DU TAMBOUR

La joie te traverse, ton cœur se déleste. Depuis la plus haute branche, les petits oiseaux chantent. Libère-toi de l'influence de ce qui te blesse et laisse la beauté de la joie guider tes pas.

LES VIBRATIONS DE GUÉRISON

Existe-t-il une sensation plus agréable que celle que nous procure le plaisir ? Plaisir d'être, plaisir de vivre, plaisir d'interagir. La joie. L'émotion du sourire, de la légèreté, de l'amplitude. Éphémère, elle est prospère. Solitaire, elle attire, elle inspire. Quand elle se manifeste, la joie s'emploie à éveiller chez toi les hormones du bonheur. Avec elle dans ta vie, tu te sens unie. Née de substances naturelles que ton corps sécrète, cette émotion te donne un sentiment de satisfaction. Lorsqu'elle s'empare de toi, tu deviens charismatique, vraie, unique. Car, quelle que soit son origine, la joie grave sur ton aura sa plus belle signature. L'encre de sa plume scintille et tu pétilles. La joie est ainsi faite ! Résultat d'une réussite, d'une rencontre, d'un événement heureux. Dans ses vêtements de lumière, elle est aussi un simple choix à faire. N'être qu'un, naître humain. Être de lien, sens-tu monter en toi la chaleur que te procure la joie ? Déverse tes tristesses, tes colères, tes moments de faiblesse. Rend à la Terre et la Terre te libère. Le temps est venu d'afficher un sourire. Quelle que soit l'emprise que le temps a sur toi, rien ni personne ne pourra t'immuniser contre le virus de la joie. Soulage-toi de ta charge mentale et contamine celles et ceux que tu croiseras. Ressens la joie qui te traverse et ton cœur se déleste.

CÉRÉMONIE D'INTÉGRATION

Avant ta prochaine sortie en ville, ouvre un cercle de bénédiction. Connecte-toi à la puissance de l'intention, à la puissance d'un sourire, à la magie d'un cœur prêt à s'ouvrir à la paix… en toute simplicité. Fixe-toi pour mission d'adresser au minimum quatre sourires. À des passants, à des commerçants. Souris avec le cœur, avec les yeux, avec les lèvres. Si tes premières tentatives ne sont pas fructueuses, persévère et réitère. N'insiste pas, sois légère. Visualise l'amour dans sa dimension universelle et non de façon personnelle. Accueille tes limites, tout est juste. Remercie l'énergie de la joie et referme le cercle.

32
LA GRATITUDE

32

LA GRATITUDE

LES MOTS TOTEMS

Reconnaissance – sagesse – abondance – positivité – estime de soi – moment présent – satisfaction – célébration

LE MESSAGE DU TAMBOUR

La gratitude sur son chemin te fredonne son refrain. Réjouis-toi du verre à moitié plein et détache-toi du verre à moitié vide. La vie, c'est maintenant ! Célèbre-la au présent. Tu es riche !

LES VIBRATIONS DE GUÉRISON

De son chant hypnotique, la gratitude te communique son dialogue positif. Sentiment de reconnaissance, sensation de plénitude intense. Pour une heure, pour un jour, pour une vie. Lorsqu'elle devient ton amie, la gratitude t'enseigne le chemin le plus court pour apprendre à dire merci. Dire merci avec les mots, dire merci avec le cœur. Merci pour ce corps, cet élévateur. Merci pour cet emploi, qu'il t'épanouisse ou pas. Merci pour les rencontres, celles qui t'amusent, celles qui t'enseignent, celles que tes sens éveillent. Merci pour le toit. Celui qui abrite, qui protège, qui réunit. Merci pour cette vie, pour cette incarnation, pour cette fratrie. Merci à la Terre, au ciel, au Soleil. Merci aux étoiles, à la nuit, à la Lune, et à l'immensité de la galaxie. Dire merci, même à l'infiniment petit, est aussi simple que ceci. Accueille la gratitude dans ta vie et observe comme l'imparfait devient exquis et sans pareil. Es-tu épanouie dans cette comédie ? Dans cette tragédie dans laquelle tu as fleuri ? Remercie les petites choses du quotidien et renoue d'affection avec ton corps, avec ton esprit. Sens-toi riche de ce qui se passe ici, maintenant, dans le présent. Deviens l'actrice dans un premier temps. Celle qui joue ses répliques sans comprendre vraiment. Petit à petit, ressens le pouvoir d'un merci jusqu'en dedans. Dans ton ventre, dans ta gorge, dans chaque cellule de ton cœur. Ta façon de penser se modifie. Ta relation aux autres et au monde s'éclaircit.

CÉRÉMONIE D'INTÉGRATION

Offre-toi un bocal à merci. Un récipient simple, mais élégant. Enveloppe-le d'un joli ruban. Dépose-le sur ta table de nuit et ouvre un cercle de bénédiction. Dans la soirée, à la lueur d'une bougie, ferme les yeux un instant. Pense à ta journée. Respire dans ton ventre et laisse remonter un merci. Écris sur un petit papier l'image positive qui t'a traversée. Range ce sentiment de reconnaissance dans ton bocal à merci. Referme le cercle. Chaque jour, réitère l'expérience jusqu'à ce que ton bocal soit rempli. Ressens l'abondance dans ta vie.

33
L'AMOUR

33

L'AMOUR

LES MOTS TOTEMS

Aimer – sentiments – câlins – caresses – baisers – sourire – solidarité – respect – universalité – pardon

LE MESSAGE DU TAMBOUR

Plus puissant qu'un ouragan, l'amour ne prend pas de détours. Laisse-le te surprendre, autorise-le à t'apprendre. Sa mémoire est grande, son champ d'action est immense.

LES VIBRATIONS DE GUÉRISON

Dès lors qu'un être pousse la porte de la vie, l'amour agit sur lui. Grâce naturelle, onde de magie. Pas un jour, pas une nuit. Pas un je t'aime, pas un merci. Ni les mots ni les maux ne résistent à ce flot. Dès le premier cri, l'amour soutient, l'amour séduit. Il accompagne les hommes et les femmes, il ravive la flamme qui tarit. Dans sa dimension universelle, l'amour s'impose et initie. Du monde végétal à celui des esprits, du monde minéral au peuple animal. Le feu de l'amour nous enseigne la vie. Avec lui, le parfum d'une fleur n'a pas la même odeur. La couleur de ton ciel n'a-t-elle jamais été aussi belle que lorsque tu aimes ? L'amour, celui qui déplace des montagnes, commence par soi-même. As-tu la sensation de t'aimer pleinement ? Sans limites, sans jugement ? En toi-même, comble le vide par la présence et la puissance de l'amour universel. Si tu t'aimes, l'autre t'aime. Aime le monde et le monde t'aimera en retour. Cœur brisé, espoirs oubliés. Tout ceci a pu exister. Peu importent les vents et les marées que tu as dû affronter, garde le cœur ouvert. Car l'amour, trésor des divinités, est le moteur. Il calme tes pleurs, il apaise tes peurs. Aime, comme tu sais le faire. Effleure, embrasse, souris. Le pardon s'imprime dans tes veines, un monde beau s'éveille.

CÉRÉMONIE D'INTÉGRATION

Pour un temps de méditation, ouvre un cercle de bénédiction. Ferme les yeux. Tes respirations sont longues et profondes. À chaque inspiration, ton cœur se gonfle. À chaque expiration, ton cœur se réchauffe. Reste dans la dimension de l'amour de toi-même. Ressens les sensations que cela éveille. Remercie le trésor qu'est l'amour. Ton taux vibratoire s'élève. Quand tu le souhaites, referme le cercle.

34
LA CONFIANCE

34

LA CONFIANCE

LES MOTS TOTEMS

Foi – patience – écologie – avenir – ancrage – plaisir – éclaireur – changement – liberté

LE MESSAGE DU TAMBOUR

De la lueur de ton âme à la splendeur d'un amas d'étoiles, garde la foi. Tiens bon ! Reste dans l'action. Derrière le voile, l'illusion se dissipe. Tout est juste. Tout est parfait.

LES VIBRATIONS DE GUÉRISON

Notre terre a beaucoup souffert, elle reste pourtant la clé du mystère. Lorsqu'ils ont été bousculés, ses éléments ont besoin de temps pour se réorganiser.

Amour, foi, créativité. Trois perles rares que la confiance t'invite aujourd'hui à enfiler sur le collier de ta conscience. Car le monde, tel que tu le connais, est amené à changer. Sois rassurée : tu es prête. Telle la gardienne d'un royaume sacré, lorsque tu crois en elle, la terre renaît. Les ondes du bonheur dans lesquelles vous aimiez tant vous baigner ont juste été déplacées. Adapte ta vibration. Crois au bon. Certes, le chemin du voyage est parfois jonché d'obstacles. Mais lorsque la confiance te rend visite, elle t'aide à discerner l'utile de l'abstrait. À quoi bon pleurer ce qui était ? Apprends à conjuguer à l'imparfait ! Caché dans un nuage de fumée, ton sentiment de liberté est le grand sage installé au sommet. Escalade la montagne de tes pensées. Si tu le souhaites, tu es déjà arrivée. Incarne la croyance que tout est déjà fait. Tout va bien aller. Pour ajuster ton *flow* au plaisir qui t'est destiné, aborde chaque nouvelle journée avec la patience du jardinier prêt à semer, laisser croître et cultiver. La Terre, notre mère, a besoin de ta foi. Éclaire la voie.

CÉRÉMONIE D'INTÉGRATION

Assise au pied d'un arbre, ouvre un cercle de bénédiction. Ferme les yeux. Ressens le contact entre ton corps, l'écorce, le sol. Perçois les racines qui t'entourent et invite la détente à se joindre à vous. Allonge ton souffle, fusionne, remercie. Puise ta force à la source. Reste ici un moment. Referme le cercle.

35
LA FIERTÉ

35

LA FIERTÉ

LES MOTS TOTEMS

Légitimité – motivation – rétrospective – affirmation – confiance en soi – réussite – équilibre – perspective

LE MESSAGE DU TAMBOUR

Le temps est venu de faire le bilan. Dans le reflet de ton rétroviseur, observe le chemin déjà parcouru. Dose ta fierté, équilibre ton orgueil et continue d'avancer.

LES VIBRATIONS DE GUÉRISON

Imagine. Tu es en voyage. Alors que ton van sillonne la plage, l'émotion en toi se propage. Légitimité, résultats, progrès. Combien de virages as-tu déjà abordés ? Combien de routes, combien d'embouteillages ?

Formidable instrument qui traverse le temps, ton incarnation est en certains points semblable. De ce côté du miroir, il n'est pas rare d'en oublier de regarder le chemin qui hier était. Les épreuves que tu as eu à traverser, les difficultés que tu as déjà transcendées. Dans le reflet de ton rétroviseur, observe les sentiers déjà parcourus. Par ton être, par tes ancêtres. En toi-même, explore cette voie de réconciliation. Car laisser naître le sentiment d'affirmation peut s'avérer être une belle expédition. Lorsque dans ta vie elle transite, la fierté te renseigne sur l'importance d'apprendre à doser. Les ingrédients de l'amour de soi, de la reconnaissance, de l'autosatisfaction. Reconnais ton abondance et estime-toi à ta juste valeur. Avec tes qualités, mais aussi avec tes défauts. La prétention n'est pas une option. Crois-en ton expérience. Il n'est point d'être plus heureux que celui qui parvient à être satisfait. Trouve en toi l'équilibre parfait et accepte que la fierté puisse t'aider à progresser. Dans le ciel, parfois, Grand-Père Soleil se cache. Mais, toujours, derrière les nuages, la route se dégage.

CÉRÉMONIE D'INTÉGRATION

Diffuse une musique calme dans ton espace. Équipe-toi d'un cahier et d'un stylo. Ouvre un cercle de bénédiction. Sur la page de gauche, dresse la liste de tes plus grandes réussites. Prends un moment d'introspection. Indique pour chaque souvenir une note de un à dix. Fais cela sur la page qui lui fait face. Trace des flèches entre tes réussites et la valeur émotionnelle que tu leur attribues. Prends le temps nécessaire. Respire avec lenteur et laisse en toi s'élever le sentiment de fierté. Apprends de cette expérience. Ensuite, referme le cercle.

36
L'ESPOIR

36

L'ESPOIR

LES MOTS TOTEMS

Patience – optimisme – détermination – vulnérabilité – peur – avenir – surprises – perspective – mouvement

LE MESSAGE DU TAMBOUR

Même après la nuit la plus noire, le soleil renaît toujours plein d'espoir. Lève les voiles, regarde au-delà de l'horizon. Ose t'exposer à la déception et dévoile tes ambitions.

LES VIBRATIONS DE GUÉRISON

Fais-tu partie de celles qui ont cessé d'espérer ? Cessé d'adhérer à la croyance d'un monde nouveau en gestation. Cessé de croire en leurs rêves par peur de désillusion. L'espoir parfois se fait aussi discret que la braise cachée dans les cendres de la dernière flambée. D'un potentiel insoupçonné, une petite étincelle porte pourtant en elle toutes les compétences pour raviver le feu qui a cessé d'être alimenté. Doté des qualités de l'optimisme et de la patience, l'espoir est audacieux. Quand tout l'encourage à démissionner, il poursuit sa vision, il redéfinit ses idéaux. Par sa visite, bien sûr, l'espoir t'incite. Il t'encourage à entrevoir l'autre bout du couloir. Carte de fidélité, parcours de vie désordonné. Il n'est aucune loi qui empêche l'espoir de rester ton partenaire de route préféré. Opposé au désespoir, il te pousse à y croire. Il est le vent, le souffle de guérison qui attise le feu, qui ranime les sens. Une situation meilleure est à ta portée. Tout ne sera pas rose ni aisé. Accepte de te tromper. Même quand tu as la peur au ventre, à pas lents, continue d'avancer. Ne reste surtout pas figée. Peut-être t'exposes-tu aux regrets ? Peut-être n'arriveras-tu jamais au bon quai ? Mais oser l'espoir c'est honorer ta vulnérabilité et par là même accepter la responsabilité d'être la créatrice libre de ta destinée.

CÉRÉMONIE D'INTÉGRATION

Ramène à ta mémoire le souvenir d'un temps où tu as perdu espoir. En quelques mots, résume mentalement cette situation. Ouvre un cercle de bénédiction et ferme les yeux. Pose les mains sur ton cœur et cherche en toi l'étincelle. Ce début de braise, cette petite flamme qui te donne l'élan d'y croire. Aussi petite soit-elle, respire ici un moment. Laisse grandir les flammes… Tu portes en toi la paix. Celle de ton être, celle de ton esprit. Remercie le trésor de l'espoir et referme le cercle. Tout est juste et parfait.

37
LA PRÉSENCE

37

LA PRÉSENCE

LES MOTS TOTEMS

Moment présent – authenticité – vérité – mise à nu – rencontre – habitudes – espace-temps – point de vue – réciprocité

LE MESSAGE DU TAMBOUR

La présence est une dimension sans mesure. Passé, présent, futur. Quel que soit le temps, soit ici pleinement. Il n'y a pas d'âge pour être présent. Oublie le matériel, mets tes sens en éveil. À 100 %, tu es consciente de ton environnement.

LES VIBRATIONS DE GUÉRISON

Sur la toile de fond de tes émotions, la présence te propose un temps de réflexion. Plénitude intense, soutien, bienveillance. Sans aucune arrogance, la présence te rappelle l'essentiel : humanité, vibration, conscience. Bien au-delà de la temporalité, la réalité reste quelque chose d'abstrait. Forme de vérité au cheminement concret, interactivité avec l'environnement dans lequel le vivant s'est incarné. Galaxie, Univers, Terre. Humanité, nature, matérialité. De l'infiniment grand à l'infiniment petit, ta nature cellulaire fusionne avec l'énergie de la présence. À quel moment penses-tu avoir signé pour cette vie ? Étais-tu présente à toi-même en cet instant si précis ? La présence, ronde et enveloppante, possède une dimension étrange. Par sa visite, elle soulage, elle nuance. Elle t'encourage à détourner ton regard du monde des objets pour rejoindre une nouvelle forme d'authenticité. Mise à nu de tes habitudes, lien différent à la temporalité et aux êtres vivants qu'il t'est coutume de fréquenter. Es-tu prête à dénouer les fils de tes croyances ? Prends le temps d'une pause. Ressens ta présence en ce monde. Aide-toi du trésor de la présence pour t'intéresser à l'autre. En toute transparence, offre de ton temps, ici et maintenant. À 100 %, deviens consciente de ton environnement.

CÉRÉMONIE D'INTÉGRATION

Assise jambes croisées, ouvre un cercle de bénédiction. Ferme les yeux. Pose l'intention du vide, de la détente. Dirige ta concentration sur ta respiration, lente et consciente. Accueille tes pensées sans les chasser. Tels des nuages, observe-les passer dans ton ciel sans t'y attacher. Ramène ton attention sur ton abdomen qui se soulève à l'inspiration et revient à l'expiration. Remercie l'énergie de la présence pour le bien qu'elle te fait. Elle t'accompagne, elle est ton lien au monde et à l'humanité. Expérimente, reconnais tes progrès. Quand tu le souhaites, referme le cercle.

38
LA COMPASSION

38

LA COMPASSION

LES MOTS TOTEMS

Bienveillance – écoute – relation – intelligence affective – intention – estime de soi – puissance – vulnérabilité

LE MESSAGE DU TAMBOUR

Depuis les profondeurs de ton cœur, la compassion distille son action dans tes relations. Sans lui dire qui il est, reconnais l'autre dans sa souffrance. Ta sensibilité et ta bienveillance sont les piliers de ta puissance.

LES VIBRATIONS DE GUÉRISON

La compassion est un sentier d'initiation. Nul besoin d'en connaître la destination. Détourné par le ruisseau de l'émotion, le chemin de la compassion t'emmène bien plus loin que la raison. Vulnérabilité contrôlée, intelligence affective, élan de bienveillance. Entendre, reconnaître, réagir : trois joyaux rares qui soulagent la souffrance. Quelle attention portes-tu aux besoins des autres ? Distingues-tu facilement les peines et les tourments ? Compatir ne signifie pas consoler. Il n'est pas non plus question d'anesthésier ni de nier ce dont l'autre peut douter. La compassion est un sentiment plus profond. Elle éveille ton attention, elle remue tes intentions. Parfois, elle se prépare, parfois elle s'improvise. Mais dans les deux cas, entourer l'autre d'amour et de paix est l'objectif qu'elle vise. L'accepter tel qu'il est. Le reconnaître, l'apprécier, l'aider à cicatriser. Par sa visite, la compassion t'invite à voir en l'autre le reflet de qui tu es. Sans en devenir le miroir, retrouve le lien qui unit vos existences. Si par fortune tu penses connaître sa souffrance, souviens-toi que tu ne sais pas. Accepte de ne pas être l'autre, de rester la main tendue qui propose. Sous l'évidence de la douleur et de la perte de repères, deviens la grande sœur qui accompagne et redessine les traits de la délivrance grâce à la puissance de l'amour vrai.

CÉRÉMONIE D'INTÉGRATION

À la lueur de deux bougies, ouvre un cercle de bénédiction. Dirige ton regard sur une des deux flammes. Dompte ton attention, respire et familiarise-toi avec la danse probable du feu. Aiguise ton intuition et quand elle t'y invite, tourne les yeux dans la direction de la seconde flamme. Depuis l'intérieur, intègre leurs deux lueurs. Ressens à quel point elles sont semblables et pourtant si différentes. Intègre et remercie l'énergie de la compassion pour l'amplitude de son champ d'action. Quand tu le désires, referme le cercle.

39
L'ENTHOUSIASME

39

L'ENTHOUSIASME

LES MOTS TOTEMS

Bonheur – légèreté – énergie – délicatesse – divin – état d'esprit – excitation – contentement

LE MESSAGE DU TAMBOUR

Depuis la source, l'enthousiasme s'écoule au goutte-à-goutte. Laisse s'élever l'énergie positive favorable à cet état. Accueille la vie avec plaisir et réjouis-toi de ce nectar qui pétille déjà en toi.

LES VIBRATIONS DE GUÉRISON

Cuvée exceptionnelle, célébration intemporelle. L'enthousiasme est un état d'esprit. Une décision à prendre, une forme de confiance. Dans leur parcours vers la surface, les bulles de champagne caressent le liquide qu'elles traversent. L'enthousiasme est en tout point pareil. Sentiment d'excitation, pulsion de joie, cocktail de sensations. Attachées aux sens et donc aux émotions, sa danse s'apparente à une forme de transe. Depuis dedans, elle anime, elle harmonise. État d'ivresse qui nous déleste, délice, réjouissance. L'enthousiasme nous fait vibrer. Chaque étape de ta vie mérite d'être célébrée. Prends-tu le temps de t'honorer ? Par sa visite, l'enthousiasme insiste sur la dimension festive de ta vie. À défaut de te lasser d'un quotidien dans lequel tu pourrais t'ennuyer, enfile de temps à autre tes lunettes roses. Celles qui te permettent de voir l'entretien quotidien de ta maison comme un moment de purification. Celles avec lesquelles tes projets les plus fous trouvent une place dans ta réalité. Mets de l'enthousiasme dans ta vie, ressens l'effervescence de ces effets et observe comme l'Univers t'apporte bien plus que ce dont tu rêvais. Souviens-toi : tout est parfait !

CÉRÉMONIE D'INTÉGRATION

À l'abri des regards, debout ou assise, ouvre un cercle de bénédiction. Ferme les yeux et prends le temps de ramener à ton esprit un moment de joie, un rêve, une envie. Ressens les sensations positives que cette pensée génère chez toi. Ferme les poings et secoue les bras. Agite-les de façon brève si tu le souhaites, mais ressens l'énergie qui pétille dans ton ventre, dans tes jambes, dans tes bras, dans ta poitrine. L'enthousiasme te traverse. Profite, remercie. Quand tu le souhaites, referme le cercle.

40
LE CALME

40

LE CALME

LES MOTS TOTEMS

Maîtrise de soi – sérénité – tranquillité – souveraineté – silence – énergie – fluidité – intimité

LE MESSAGE DU TAMBOUR

Du mouvement de l'esprit à la lenteur du souffle de vie, glisse les yeux sous ton armure terrestre. Dans l'antre de ton cœur, dépose les armes. Écoute s'écouler le temps de l'intérieur. Reviens ici, centre ton énergie.

LES VIBRATIONS DE GUÉRISON

Imagine l'œuvre d'un ciel bleu. Allongé dans les eaux d'un lagon, Grand-Père Soleil caresse ta peau. Dans ce bain de velours, mère océan te murmure le chant du vent. Elle t'enveloppe et te berce avec lenteur. Son amour pour toi t'enseigne l'importance de revenir à soi, à l'abri des clapotis.

Lorsque le calme te visite, sa principale mission est de t'harmoniser avec l'onde de la tranquillité. Dans l'ici et maintenant, explore ta relation au temps.

Combien de fois aujourd'hui t'es-tu offert le luxe d'un moment sans ? Sans agitation, sans aucun mot, sans même un son, un souhait, une intention ?

Dans l'expérience de l'incarnation que tu es venue explorer, il n'est pas simple de se reposer. À la lumière du bruit, sous le couvert de la vie, tu t'oublies. Avec la pureté du calme pour te guider, un flux de douceur et de légèreté se prépare à te visiter. Prends le temps de t'arrêter. Cesse toutes tes activités. Dirige ta concentration sur les battements d'ailes qui soulèvent ton abdomen et le ramènent. Recharge tes batteries du carburant limpide que t'offre l'énergie du temps. Respire, et vois à quel point le paysage du voyage est aussi beau que le chemin en lui-même.

CÉRÉMONIE D'INTÉGRATION

Pose l'intention d'un temps de méditation. Ouvre un cercle de bénédiction. Assise, dépose le dos de ta main droite dans le creux de ta main gauche. Le dos de ta main gauche se dépose sur le haut de tes cuisses. Les yeux fermés, les pouces en contact, les pieds au sol. Observe le temps qui passe. Depuis la pointe de tes orteils, jusqu'aux lobes de tes oreilles, ressens ton corps. Libère les pensées qui entravent ta liberté. Prends le temps d'apprécier et lorsque sera venu ton moment, referme le cercle.

Les cartes
CERCLE SACRÉ

41
LE PRINTEMPS

41

LE PRINTEMPS

LES MOTS TOTEMS

Naissance – nouvelle vie – commencement – bonne santé – créativité – énergie – inspiration

LE MESSAGE DU TAMBOUR

Libérée de son doux manteau blanc, dame printemps te déshabille du temps. Comme une sirène ondulant depuis les profondeurs de l'océan, renais à ta créativité.

LES VIBRATIONS DE GUÉRISON

Le soleil se lève. Le chant des oiseaux t'annonce la venue d'un jour nouveau. Une chance, une opportunité. Une pierre précieuse qui te donne la possibilité de te sentir plus légère. Quelles sont ces choses que tu as accumulées ? Ces sentiments dont tu ne parviens pas à te libérer ? Le printemps te permet aujourd'hui de te délecter de son nectar de créativité. Cette sève d'où chaque année la nature renaît.

Dans la bulle de tes pensées, le feu de Grand-Père Soleil commence à t'apaiser. Il soulage tes peurs, adoucit ton animosité. Les neiges déposées sur tes plaines ne sont pas éternelles, le froid a le droit de se dissiper. À tes côtés, Dame Nature a le don de t'inspirer. Engourdie, endormie, la voix de ta passion s'éveille. Elle remonte la rivière, s'élève hors de son terrier.

Ferme les yeux et parfume ton corps entier des fleurs de positivité qui commencent à se déployer. Aie confiance en toi ! Estime-toi ! Ton corps est fort. En bonne santé. Laisse ces mots résonner dans ton être avec fluidité. Une délicate palette colorée est à ta portée. Puisse le printemps devenir le témoin silencieux de cette nouvelle destinée vers laquelle il te conduit à marier ta vie à toutes les nuances de l'énergie.

CÉRÉMONIE D'INTÉGRATION

Dès la prochaine matinée ensoleillée, assieds-toi face au soleil de l'est. Ouvre un cercle de bénédiction. Remercie chaque photon pour son action de guérison. Ton cœur se réchauffe. Nourris-toi de cet espace de créativité. Sois dans la gratitude de chaque rayon qui touche ta peau. Profite, intègre et quand tu le souhaites, referme le cercle.

42
L'ÉTÉ

42

L'ÉTÉ

LES MOTS TOTEMS

Persévérance – vitalité – abondance – action – odeurs – prévision – mouvement – ouverture – feu

LE MESSAGE DU TAMBOUR

Longues journées, plaisirs des grandes tablées. L'été est enfin arrivé. Observe ton chemin de croissance, car ce que tu as semé pourra bientôt être récolté. Organise, ose, agis.

LES VIBRATIONS DE GUÉRISON

Grand-Père Soleil est au plus haut dans le ciel. Vague de chaleur intense, parfum de providence. L'été dans sa puissance nous fait partager son abondance.

Jeunesse éternelle, richesse sans pareil. De terre, la vie a émergé. Le fruit tant désiré arrive bientôt à maturité. Mère Terre et père ciel, main dans la main, nous surprennent. Ils s'unissent pour faire de la récolte prochaine une franche réussite. Visiter le monde, vivre d'amour et de bonnes ondes. Quand l'été s'éveille, rien n'est plus pareil. S'imposer des limitations ? Non, pas question. Période de réconciliation et d'expansion, l'été nous donne des ailes et nous nourrit de toutes ses possibilités. Confiance en soi, avenir lumineux, foi. L'été te prouve par A + B que, lorsque tous les éléments sont réunis, la magie agit. L'odeur des grillades, la splendeur des cerisiers qui perdent leurs fleurs. La saveur des premiers fruits juteux, le chant des oisillons qui sortent du nid. Par sa présence, l'été t'enveloppe des rayons de lumière qui caressent ta peau. As-tu conscience de cette bienveillance ? Ressens ta chance. Organise ta vie, ose de nouveaux défis. Passe à l'action, et tu en récolteras les fruits. Pense en termes de persévérance. Continue, avance !

CÉRÉMONIE D'INTÉGRATION

Dans la nature si possible ou dans un espace éclairé par la lumière naturelle, allonge-toi au sol. Tes pieds pointent vers le sud. Pour un moment devient l'axe incliné d'un cadran solaire. Ouvre un cercle de bénédiction. Inspire la lumière et expire jusque dans les profondeurs de la terre. Pratique 2 ou 3 minutes et ensuite inverse le sens. Inspire depuis les profondeurs de la terre et expire la lumière. Pratique 2 ou 3 minutes encore. Remercie l'été de te donner l'envie de continuer d'avancer. Remercie sa chaleur, remercie ses bienfaits. Ressens le cycle naturel des saisons et en équilibre parfait, referme le cercle.

43
L'AUTOMNE

43

L'AUTOMNE

LES MOTS TOTEMS

Volonté – mises au point – introspection – couleurs – transformation – méditation – renouveau – liens invisibles

LE MESSAGE DU TAMBOUR

Coupe tes vieilles branches et tu saisiras mieux la grandeur de ton abondance. Sous sa robe flamboyante, l'automne fait corps avec ton esprit. Prends le temps de méditer. Rencontre tes ombres et laisse l'obscurité te transformer.

LES VIBRATIONS DE GUÉRISON

Les feuilles rousses s'élancent, l'écureuil commence sa danse. Cycle naturel, nature aux mille merveilles.

De ses vêtements chamarrés, l'automne recouvre les champs et les prés. Alors que les pommiers sont prêts à être récoltés, les couleurs chatoyantes de l'automne t'invitent à faire une pause, à méditer. Faire suite à l'été n'est pas chose aisée. Devenu malgré lui la charnière entre le jour et la nuit, l'automne est fort, il est confiant. Par sa visite, il offre à ton quotidien de nouvelles nuances. Loin du tourbillon de l'agitation, il te propose de faire le point. Es-tu satisfaite de tes progrès ? Te sens-tu libre ou prisonnière de tes schémas de pensées ? Que ressens-tu à l'idée de traverser à nouveau les sentiers obscurs de ton passé ? Rencontre tes ombres et évade-toi de ta prison dorée : voici le programme que l'automne est venu te proposer. Sujet de délivrance, fin d'une période d'errance. Épluche ton cœur au-delà des apparences. Recycle l'énergie de la rumination via des temps de méditation. Regarde tes peurs en face et plus jamais devant l'obscurité tu n'auras à te dissimuler. Si tu l'acceptes, la saison de l'automne te transforme. Libérée de tes vieilles branches, tu saisis mieux la grandeur de ton abondance.

CÉRÉMONIE D'INTÉGRATION

Équipée d'une sacoche, prépare-toi pour une balade. Ouvre un cercle de bénédiction. Dans la nature, collecte quelques trésors posés au sol : plumes, cailloux, branches, carottes de pain, coquillages…

Pour chaque échantillon de nature que tu ramasses, remercie dame nature. Observe la facilité avec laquelle elle se déleste. Sa beauté t'inspire. La puissance de transformation de l'automne te reconnecte à ta volonté d'être toi aussi plus légère. Profite de ta sortie et, avant de rentrer, remercie l'énergie de l'automne d'être là pour t'accompagner. Referme le cercle.

44
L'HIVER

44

L'HIVER

LES MOTS TOTEMS

Esprit – sagesse – conclusions – obscurité – plénitude – repos – apprentissages – paix – guérison – immobilité

LE MESSAGE DU TAMBOUR

L'hiver dans la pénombre t'enseigne le silence et la sagesse de son cycle. Cesse de tout décortiquer sans succès. Tire tes conclusions, repose-toi et transmets. Si ton corps est fatigué, utilise le pouvoir de l'esprit pour t'élever.

LES VIBRATIONS DE GUÉRISON

Un, deux, trois. La nuit tombe vite ici-bas. Après de longs mois passés à se préparer, l'hiver est là, il est prêt. Saison de patience, de repos, d'impermanence. Saison d'observation, de guérison, de conclusions. Dame nature sommeille, Grand-Père Soleil fait pareil. Alors qu'il se repose en terre, Grand-Mère Lune quant à elle inonde le ciel de sa beauté éternelle. Les nuits sont longues, le froid les prolonge. Dans les chaumières, le clan du feu réchauffe. La gourmandise est de mise, les fourneaux n'ont pour nous plus de surprises. Prise de conscience du temps qui passe, silence dont personne ne se lasse. L'hiver dans sa marche parfois nous dépasse. Force tranquille, détermination, endurance. Quand cette phase du cycle te rend visite, son intention primaire est de t'aiguiller vers un chemin de sagesse et de simplicité. Il t'encourage à te reposer et à écouter ton âme se confier. Quelle est la morale de ton histoire ? Que retiens-tu de tes joies et de tes déboires ? Donne la parole au vieux sage qui dans la chaleur de ton cœur illumine la nuit de sa candeur. Ainsi, dans cette ronde qui anime le monde, l'hiver t'offre son refuge. Depuis cette grotte, accepte ce qui est et décide de ce qu'il te reste à transcender. Avant que ce voyage sur terre ne s'achève, une question essentielle t'est posée : quels pourraient être tes regrets ? Accueille, dépasse, et deviens le guide de ta marche.

CÉRÉMONIE D'INTÉGRATION

Prépare une jolie plume blanche. Place tes mains en « coupe », collées l'une à l'autre, paumes tournées vers le ciel. À la lueur d'un feu ou d'une bougie, dépose ta plume sur la paume de tes mains. Tourne-toi vers la direction du nord et ouvre un cercle de bénédiction. Ferme les yeux. À l'intention de l'hiver, offre un temps de méditation. Ressens la sagesse qui te traverse. Ici, rien ne presse. Ressens comme la plume te connecte à la légèreté du monde des esprits. Enfin, ressens ton chemin de connaissance, ton chemin de croyance, les leçons de tes expériences. Quand le temps sera venu, remercie l'hiver et referme le cercle.

À PROPOS DE L'AUTEURE

Carole Pirmez est femme, maman, auteure et enseignante de hatha et kundalini yoga diplômée en Belgique. Sous sa casquette de facilitatrice intuitive en libération émotionnelle, elle accompagne principalement les femmes à oser se libérer des blessures du passé pour enfin réussir à exprimer leur plein potentiel.

Ses plus grandes qualités relationnelles sont l'écoute, l'empathie, la sensibilité, l'intuition, l'assertivité et l'authenticité. La nature est le fil conducteur entre ses différentes approches : l'accompagnement holistique, le coaching, l'énergétique, le yoga, la méditation, la respiration.

Après le décès prématuré de sa maman il y a quinze ans, Carole découvre le développement personnel et s'intéresse aux théories de la physique quantique. Autodidacte, elle se spécialise dans la mise en pratique des lois de l'Univers. Elle transmet aujourd'hui ses connaissances au travers de ses écrits, lors de formations et via ses accompagnements individuels. Véritable caméléon, Carole Pirmez se forme aujourd'hui à l'astrologie et planifie de percer les secrets de la naturopathie.

Elle est l'auteure de trois livres disponibles au rayon développement personnel et édités par les éditions Marie-Claire, et d'un oracle édité par « L'académie du développement personnel ».

Sur le réseau social Facebook, elle a créé une communauté : « Renaître communauté de femmes intuitives et actrices du changement ».

Retrouvez Carole sur les réseaux :
carolepirmez.com
@carolepirmez

À PROPOS DE L'ILLUSTRATRICE

Illustratrice installée en Provence, où elle a travaillé de nombreuses années en studio de création pour la carterie-papeterie et le dessin textile, Lynä se consacre désormais aux domaines du bien-être, de la spiritualité et du développement personnel. Ainsi, des oracles, livres, spectacles, carnets de coaching, coffrets pédagogiques ont vu le jour aux éditions Marie-Claire, Nathan, Lanore, Ecce, Académie du développement personnel, etc.

Pour elle, chaque illustration est une émotion à transmettre, une invitation à se connecter aux vibrations et à la poésie des couleurs. Entre visible et invisible, avec douceur et bienveillance, son univers onirique nous guide vers plus de sérénité et nous accompagne subtilement sur notre chemin d'évolution. Partager, faire du bien : voilà ce à quoi elle aspire !

Passionnée par l'étude des rêves, la lithothérapie et les fleurs, formée aux soins énergétiques, accro à la méditation et au qi gong, elle balade aussi ses mains entre céramique et papier origami et développe des collections personnelles d'art prints en série limitée.

Retrouvez les lumineuses créations de Lynä sur :
www.facebook.com/studiolyna
illustrationstudiolyna

pca
cmb
édition pré-presse
livres numériques

44400 Rezé